GOLDMANN
Lesen erleben

Buch

Keine Autorität kann uns vorschreiben, wie wir zu leben haben. Wir allein können uns die Erlaubnis geben, unsere innere Freiheit auszukosten. Doch wissen wir wirklich, was wir wollen?
Viele Frauen zweifeln an ihren eigenen Stärken und Fähigkeiten: Kann ich das, bin ich das, schaffe ich das? Schnell kann auch die Sorge aufkommen egoistisch oder kratzbürstig zu erscheinen. Sich eigene Wege zu erlauben ist nicht einfach. Deshalb coacht Sie dieses Buch mit jeder Menge kraftvoller Anregungen für den Alltag und mitreißender Unterstützung für all die geheimen Träume, die Sie sich bisher nicht gestattet haben. Entdecken Sie die 10 Freiheiten, die die Kraft haben, Frauen von Normen und Rollenfesseln zu befreien!

Autorin

Sabine Asgodom ist eine der bekanntesten Management-Trainerinnen Deutschlands und kann auf über 20 Jahre Coaching-Erfahrung zurückblicken. Sie arbeitet als Trainerin und Vortragsrednerin, ist Bestsellerautorin und zählt laut *Financial Times* zu den 101 wichtigsten Frauen der deutschen Wirtschaft. Die Herausgeberin des Internetmagazins *Coaching heute* coacht Führungskräfte, Selbstständige und andere TrainerInnen und Coaches.
www.asgodom.de

Von Sabine Asgodom außerdem im Programm

Liebe wild und unersättlich (17324)
Raus aus der Komfortzone, rein in den Erfolg (17136)
12 Schlüssel zur Gelassenheit (16986)
Greif nach den Sternen! (16467)

Sabine Asgodom

Lebe wild und unersättlich!

10 Freiheiten für Frauen,
die mehr vom Leben wollen

GOLDMANN

Alle Ratschläge in diesem Buch wurden von der Autorin und vom Verlag sorgfältig erwogen und geprüft. Eine Garantie kann dennoch nicht übernommen werden. Eine Haftung der Autorin beziehungsweise des Verlags und seiner Beauftragten für Personen-, Sach- und Vermögensschäden ist daher ausgeschlossen.

Verlagsgruppe Random House FSC® N001967
Das für dieses Buch verwendete FSC®-zertifizierte Papier *Classic 95*
liefert Stora Enso, Finnland.

1. Auflage
Vollständige Taschenbuchausgabe April 2014
Wilhelm Goldmann Verlag, München,
in der Verlagsgruppe Random House GmbH
© 2007 Kösel-Verlag, München,
in der Verlagsgruppe Random House GmbH
Umschlaggestaltung: Uno Werbeagentur, München,
nach einer Vorlage von Elisabeth Petersen
Umschlagmotiv: Kelly Povo
Satz: Buch-Werkstatt GmbH, Bad Aibling
Druck und Bindung: GGP Media GmbH, Pößneck
KW · Herstellung: IH
Printed in Germany
ISBN 978-3-442-17422-5
www.goldmann-verlag.de

Besuchen Sie den Goldmann Verlag im Netz:

Für meine Mutter

Inhalt

Einleitung:

Lebe wild und unersättlich

Dies ist ein Buch der Freiheiten für Frauen. Zehn Freiheiten, die Sie sich selbst geben können. Die Sie von Normen, allgemeinen Vorstellungen und Rollenfesseln befreien. Die Ihnen die Möglichkeit geben zu erkennen, was Sie sich bisher selbst versagt oder verboten haben. Was Sie sich wünschen und ersehnen. Was Sie erreichen oder wovon Sie sich verabschieden wollen. Dieses Buch ist kein Ratgeber, sondern ein Erlaubnisgeber. Es bietet den Anfang, einen Vorschlag, eine Anregung, die jede Leserin für sich selbst weiterführen kann. Es ermutigt Frauen, ihren eigenen Weg zu gehen, ihre Identität zu finden. Und es ist ein Unruhebuch. Es handelt von der Befreiung der braven Tochter und ermutigt zum Anspruch: Lebe wild und unersättlich. Vielen Frauen wurde schon als kleines Mädchen eingeimpft: Denk an dich selbst zuletzt. Egoistisch zu sein galt als Schimpfwort. Und manche mutige Frau ließ sich tatsächlich von diesem Vorwurf einschüchtern. Aber ab heute ist Schluss damit.

Denn: Es gibt niemanden, der über Ihr Leben entscheiden darf, keine höhere Instanz als Sie selbst. Selbst wenn Sie an etwas Höheres glauben, Sie sich eins mit der Welt fühlen, bleibt die Verantwortung bei Ihnen. Es gibt kein Abstraktum, das über Ihr Leben entscheidet – kein Staat, nicht die Gesellschaft, weder Eltern noch Partner, keine Religion, keine Ideologie und schon gar keine Frauenzeitschrift.

»Wild und unersättlich« zu leben heißt, ein erfülltes Leben zu führen, kein Mangel-Leben. Es heißt, mit dem eigenen Konzept die eigene Freiheit zu leben. Das hat nichts mit richtig oder falsch, gut oder schlecht zu tun. Es ist ein Wahn zu glauben, dass wir keine Fehler machen, dass wir nicht falsch entscheiden und uns im Nachhinein nicht ärgern oder grämen dürfen. Aber der Gedanke »Es war mein Fehler, ich habe mich geirrt« wird durch das stärkende Gefühl der Autonomie gemildert.

Ich werde in diesem Buch mit Irrtümern in Sachen Glück aufräumen. Werde verführerischen Glücksversprechen und der Sucht nach Romantik, die viele Frauen verwirrt, andere Wege zum Glücklichsein gegenüberstellen. Wie mein Freund, Denk- und Gesprächspartner, der Psychologe und Therapeut Bernd Ulrich Hohmann es einmal formuliert hat: »Glück ist kein Bahnhof, an dem man irgendwann ankommt, und jemand ruft: Hier Glück, alles aussteigen!«

Nicht immer wissen wir sonnenklar, was wir eigentlich wollen. Manchmal zweifeln wir an unseren eigenen Wünschen: Will ich das wirklich, oder glaube ich nur, dass ich das wollen sollte? Wer oder was beeinflusst mich direkt oder versteckt? Wie befreie ich mich aus Konformität? Manchmal zweifeln wir an unseren eigenen Stärken: Kann ich das, bin ich das, schaffe ich das? Manchmal rennen wir Träumen nach und werden trotz aller Mühen enttäuscht.

Sich die Erlaubnis für eigene Entscheidungen zu geben kann schon einmal Angst machen, doch die Angst zeigt: »Ich bin auf dem richtigen Weg!« Wir können die Angst zum Verbündeten machen. Wie, werden wir später sehen. Wenn wir uns in Richtung Selbstbestimmung entwickeln, führt dies zu mehr Lebenslust, Reife und Zufriedenheit. Aber: Einfach ist etwas anderes. Wenn es einfach wäre, würden wir es einfach tun. Deshalb möchte dieses Buch jede Menge gedankliche Anregungen und Unterstützung geben, Erkenntnisse aus über 50-jährigem Leben und langjähriger Arbeit mit Frauen. Es bietet Beispiele von Frauen, die mit Verboten und Erlaubnissen gekämpft und schließlich gewonnen haben.

Wir müssen erst unterschiedliche Möglichkeiten kennenlernen, bevor wir uns für die eine und gegen die andere entscheiden können. Deshalb brauchen wir frische Luft, frische Gedanken, frische Ideen, frische Alternativen. Wir dürfen bei anderen »abgucken« – wie haben sie das geschafft? Wir dürfen Anregungen aufnehmen, bewährte Modelle ausprobieren, spüren, wie sich das Neue, Andere anfühlt. Und dann immer noch für uns entscheiden, ob uns diese Alternative gefällt, ob sie für uns passt oder nicht. Wir dürfen unsere Welt nach unseren eigenen Wünschen verändern und gestalten.

Übersetzt in unser tägliches Leben heißt das: Sicherheit verlassen und Freiheit gewinnen, sich aus Abhängigkeiten befreien und uns trotzdem geborgen fühlen, Egoismus pflegen und trotzdem Gemeinschaft genießen können. Stark sein und sich trotzdem helfen lassen. Die Botschaft dieses Buches lautet: Wir können beides haben.

Es heißt auch, von einigen Gewohnheiten Abschied zu nehmen, die uns nicht guttun; von Menschen, die uns einengen; von Einstellungen, die unser Leben erschweren; von Umständen, die uns unglücklich machen.

Um unseren eigenen Weg zu finden und gehen zu können, bedarf es eines starken Lebensfreude-Radars, ähnlich eines Radargerätes, mit dem Schiffe den sicheren Weg über die Meere finden. So ein inneres Radar ist eine fabelhafte Sache. Wir können es einschalten und scharf stellen und die Untiefen unseres Lebens erkennen. Damit können wir sicher navigieren, Enge überwinden, Weite genießen. Wir können tiefes, klares Wasser finden, den Wind für unsere Fahrt nutzen und unserem Ziel mit vollen Segeln entgegensteuern. Wir können aber auch bei unruhiger See die Klippen erkennen und den Motor drosseln, können unsere Energie sparen und auf besseres Wetter warten. Leben ist nicht Kampf, Leben ist der kluge Umgang mit den Möglichkeiten, die sich uns bieten, die wir uns erlauben.

Ich gestalte mein Leben, wie ich will!

Dieses Buch hätte auch »Das Buch der tausend Freiheiten« heißen können. Denn dem Gedanken der Freiheit wohnen unzählig viele Möglichkeiten inne. Oder es hätte »Ich darf frei sein« heißen können, damit wäre alles auf den Grundaspekt konzentriert. Ich habe mich bewusst für zehn Freiheiten entschieden, um an ihren Beispielen das Prinzip des Lebens mit Anspruch aufzuzeigen und zu erklären.

Zehn ist eine gute Zahl, sie hat sich bewährt. Das heißt nicht, dass dies die »Bibel für Frauen« ist. Nicht ich sage Ihnen, was Sie dürfen, denn sonst hieße es »Du darfst«. Aber das widerspräche dem Grundsatz der Selbsterlaubnis. Was immer Sie in diesem Buch begeistert oder nachdenklich macht, mutig oder wütend stimmt, denken Sie daran: Dieses Buch ist von meinen Erfahrungen geprägt, es spiegelt nicht die ewige Wahrheit wider, sondern meine. Ich schreibe darüber, was ich erlebt habe, woran ich glaube und was mir und anderen geholfen hat. Es spiegelt meine Gespräche mit Menschen wider, die ihre Gedanken und Erfahrungen mit Autonomie eingebracht haben. Ich versuche dabei, so ehrlich wie möglich mit Ihnen zu sein. Und ich kann Ihnen versichern: Alles, was ich schreibe, entspricht meiner festen Überzeugung. Ich persönlich misstraue allen zutiefst, die behaupten, die ewige und einzige Wahrheit zu besitzen. Bei Dogmen, sei es im Glauben, in der Politik oder der Ernährung, wird das trotzige Kind in mir ganz wild. Aber ich weiß, dass manche Dinge wirklich hilfreich sind, wenn man sie mir als Alternativen anbietet.

Damit Sie als Leserin meine Ausführungen besser einschätzen können, sollten Sie etwas über mein Leben und meine aktuelle Situation wissen:

Ich bin Jahrgang 1953, meine Eltern waren Lehrer. Ich hatte drei große Brüder, war also das Nesthäkchen. Klingt harmonisch, war es aber nicht. Unsere Erziehung war sehr streng, ein typischer Spruch meiner Kindheit lautete: »Kinder, die was wollen, kriegen was auf die Bollen.« Was im Klartext bedeutete: Halt die Klappe und mach, was wir dir sagen. Ein verbreitetes Erziehungssystem in dieser Zeit, Diktatur in Kinderzimmern. Ich fühlte mich verantwortlich für die Laune meines jähzornigen Vaters und wurde als einziges Mädchen die Verbündete meiner Mutter. Autonomie war ein Fremdwort.

Nach dem Abitur ging ich mit knapp 19 nach München auf die Deutsche Journalistenschule. Schon nach drei Monaten lernte ich meinen späteren Mann kennen, einen Eritreer, politischer Flüchtling, Revolutionär. Wir zogen sofort zusammen. Ich wurde Tageszeitungsjournalistin, politisch aktiv, Gewerkschafterin. Leben war Kampf. Ich lernte, selbstbewusst aufzutreten, lernte aber auch, dass die eigenen Wünsche sich nun der politischen, »gerechten Sache« unterzuordnen hatten. Wieder nichts mit Autonomie.

Mit 27 bekam ich mein erstes Kind, mit 29 das zweite. Ein Prozess der Nachreifung begann. Ich fing an, mich mit meinen eigenen Prägungen, Ängsten und vor allem mit meiner versteckten Wut auseinanderzusetzen. Verkrachte mich nachhaltig mit meiner Mutter, der ich alle Erziehungsfehler um die Ohren schlug (mein Vater lebte nicht mehr, er starb, als ich 19 war). Ich schloss mich der Frauenbewegung an. Ein neuer Feind – neben Eltern und Gesellschaft – wurde definiert: der Mann als Unterdrücker. Leben war immer noch Kampf. Und ich war auf jeden Fall eines der Opfer.

Ein Grundübel meiner Existenz: Ich mochte mich selbst nicht. Ich kämpfte ständig mit meinem Gewicht, fand mich neben den Münchener »Beautys«, mit denen ich mich verglich, weder attraktiv noch liebenswert. Lebte in der ständigen Angst, dass mein Mann sich in eine andere, schönere, klügere Frau verlieben könnte und mich verlassen würde. Meine Minderwertigkeitskomplexe verhinderten lange Zeit, mich in meiner Ehe durchzusetzen, mich zu streiten, »Nein« zu sagen. Nach außen kämpferisch und innen ganz klein. Autonomie war immer noch fern.

Ich war die ganzen Jahre berufstätig, trug die Verantwortung für die Familie, die Finanzen, die Laune meines Mannes, für Harmonie, Gerechtigkeit und den Weltfrieden, und war selten wirklich zufrieden. Meine Kinder waren mein großes Glück. Und sind es bis heute. Auch wenn es nicht immer leicht war. Durch meine Kinder wurde ich gezwungen, mir meine eigenen Kindheitsverletzungen anzusehen, mehrere Therapien halfen mir, Trauer und Wut aufzuarbeiten, das kleine Mädchen in mir von Ängsten zu befreien und wachsen zu lassen.

Sie halfen mir schließlich auch, Felsbrocken von der Seele zu räumen, das Verhältnis zu meiner Mutter zu klären, machten es mir möglich, sie ganz und gar zu lieben. So wie sie mich liebt. Übrigens: Den Anfang dieses Buches schreibe ich auf der Dachterrasse ihrer Wohnung in Andalusien. Auch sie hat sich von Normvorstellungen befreit und lebt inzwischen ihr Leben, wie sie es mag. Sie sagt von sich selbst: »Ich war noch nie so frei wie heute.« Sie ist jetzt 80.

Meine nächsten Schritte zur Autonomie sind im Nachhinein klar zu erkennen: Mit 38 fing ich an, Bücher zu schreiben. Jedes Buch eine Befreiung. Jedes Buch eine Erlaubnis für mich selbst, so zu denken, wie ich dachte, so zu reden, wie ich redete, so zu sein, wie ich war. Raus aus dem Defizitgefühl. Mit jeder positiven Resonanz auf die Bücher wuchs mein Selbstbewusstsein: »Ja, ich bin okay, so wie ich bin!« In diesem Alter wurde mir erstmals klar: Ich könnte auch allein leben. Ich bin auch vollwertig ohne einen Mann. Das half mir sehr, erwachsen zu werden. Meine Ängste nahmen ab.

Mit 40 fing ich an, neben meiner Arbeit als Zeitschriftenredakteurin Seminare zu geben und Vorträge zu halten. Ich hatte das nie geplant, doch als es sich ergab, spürte ich bald, das war meins. Ich liebte die Arbeit mit Menschen. Ich fand Sinn in diesem Tun. Ein Tor zu einer ganz anderen wunderbaren Zukunft wurde aufgestoßen. Ich eroberte große Bühnen vor großem Publikum und spürte: »Hier will ich sein!«

Mit 46 kündigte ich schließlich meinen Job, nach großen Zweifeln und Ängsten. Ich machte mich als Management-Trainerin selbstständig, gründete meine eigene Firma, riskierte alles. Und spürte doch von Anfang an, dass es gut gehen würde. Heute kann ich sagen: Ich habe meine Erfüllung gefunden. Manchmal werde ich gefragt, ob ich nicht ein sehr stressiges Leben hätte, schließlich sei ich rund 200 Tage im Jahr unterwegs. Ich antworte stets: Ich habe ein anstrengendes Leben, ja, aber kein stressiges. Denn ich selbst entscheide darüber, ob ich so leben möchte oder nicht. Und ich möchte. Deshalb empfinde ich es nicht als Stress. Übrigens: Für nächstes Jahr habe ich mir vorgenommen, dass es nur noch 150 Tage sein dürfen.

Mit 48, die Kinder waren ausgezogen, suchte ich mir nach fast 30-jähriger Partnerschaft eine eigene Wohnung. Ich wusste: Ich möchte anders leben, noch so viel erleben, nicht in Routine und Langeweile erstarren. Ich fand einen freundschaftlichen Konsens mit meinem Mann, der mir sogar beim Umzug half. Er wird immer ein Teil meiner Familie bleiben und ich ein Teil seiner, und natürlich werden wir immer die Eltern unserer Kinder bleiben. Ich überlege manchmal, ob es nicht eine Möglichkeit gegeben hätte, auch in der Partnerschaft mehr Autonomie zu leben. Ich kenne Paare, die das ganz gut hinbekommen. Ich sah diesen Weg bei uns nicht und glaube, dass der Schritt für mich richtig war.

Erstmals in meinem Leben erlebte ich nun Autonomie. Ich holte Teenagererfahrungen nach, das Gefühl, mal nur an mich zu denken. Genoss es, nach Hause zu kommen, wann ich wollte. Meine Musik zu hören, die durch die ganze Wohnung schallt. Spontan Leute zu einer Party einzuladen. Und morgens um vier fröhlich mit den letzten Gästen abzuwaschen. Loszufahren, wann immer es mich rauszieht. Mal wirklich rücksichts-los zu sein.

Ich feierte meinen 50. Geburtstag als rauschende Party mit über 100 Menschen, meiner großen Familie und allen anderen Menschen, die ich gern mag. Wir tanzten bis zum frühen Morgen. Ich weiß nicht, wann ich mich je zuvor unbeschwerter gefühlt habe. Das schönste Geschenk war, im Morgengrauen müde, aber überglücklich in meine eigene Wohnung zu kommen.

Mein Leben ist seither sehr viel bunter, ich genieße Begegnungen und die Zeiten des Alleinseins; schließe neue Freundschaften und erneuere alte. Heute bin auch ich so frei wie nie zuvor in meinem Leben. Mein beruflicher Erfolg ist hinreißend. Ich darf Wissen weitergeben, darf über Grenzen gehen und mich neu erschaffen. Ich liebe die große Bühne und die Arbeit mit einzelnen Klienten. In der Arbeit als Coach begleite ich seit über zehn Jahren andere Menschen dabei, Einschränkungen zu erkennen und abzubauen, sich selbst ihre Erlaubnisse zu geben und Strategien zu entwickeln, um sie umzusetzen.

Ich selbst lebe in dem satten Gefühl, »wild und unersättlich« sein zu dürfen. Was nicht heißt, dass mein Leben perfekt ist. Manchmal fühle ich mich sehr allein; manchmal arbeite ich zu viel; manchmal bekomme ich nicht, was ich möchte; manchmal mache ich Fehler; manchmal traue ich mich etwas nicht; manchmal merke ich, dass ich anderen zu viel Verantwortung abnehme und sie mich schwer drückt; manchmal habe ich Angst; und ich möchte öfter in den Arm genommen werden. Aber es ist meine Entscheidung, so zu leben, wie ich lebe. Welch eine Chance! Übrigens: Seit einiger Zeit erzähle ich in Seminaren oder Vorträgen mehr von meiner »weichen« Seite, von Dingen, die mich nachdenklich oder traurig machen, von den schweren Zeiten in meinem Leben, und erlebe eine ganz andere Intensität im Austausch mit den Teilnehmerinnen/Zuhörerinnen. Eine sehr beglückende Erfahrung.

Ich bin erfüllt von einem tiefen Gefühl der Dankbarkeit. Weiß aber auch meinen eigenen Anteil am Glück zu erkennen. Denke oft an den alten Spruch: Von nix kommt nix. Mein derzeitiges Lebensmotto stammt vom großen Philosophen Friedrich Nietzsche: »Amor fati – Liebe dein Schicksal«. Was für mich bedeutet: Gestalte dein Schicksal so, dass du es lieben kannst. Und dann nimm es an. Und es ist noch einiges zu tun!

Ich erkenne meinen Anteil am Glück.

An meinem Lebensweg können Sie vielleicht erkennen, warum ich gerade diese zehn Erlaubnisse herausgegriffen habe:

1. Ich darf mich mögen
2. Ich darf Erfolg haben
3. Ich darf älter werden

4. Ich darf emotional sein
5. Ich darf Fehler machen
6. Ich darf Angst haben
7. Ich darf aus der Reihe tanzen
8. Ich darf »Nein« und »Ja« sagen
9. Ich darf glücklich sein
10. Ich darf meine Welt verändern

Ich lade Sie ein, sich mit mir diese Freiheiten anzuschauen, die Chancen für eine Umsetzung zu prüfen, zu überlegen, was der Preis der Veränderung ist. Denn eins ist sicher: Alles hat seinen Preis, das Dulden und das Frechsein, das Festhalten und das Loslassen, das Aushalten und das Verändern. Und nur jede selbst kann für sich erkennen: Ja, das probiere ich aus, um mehr vom Leben zu haben.

Sie merken, das alles hat mit Selbstverantwortung zu tun. Lassen Sie mich dazu eine Erfahrung erzählen, die ich bei der Vorbereitung dieses Buches gemacht habe. Vor dem Schreiben zog ich mich wie immer in ein Wellnesshotel zurück, in dem ich Arbeit am Buchprojekt und Entspannung verbinden kann. Ich lag eines Morgens im Ruheraum einer Sauna, fühlte mich ganz warm und weich. Mit geschlossenen Augen fiel mir ein Satz aus dem Buch ein, das ich am Vorabend gelesen hatte, »Die Liebe und ihre Henker« des amerikanischen Professors für Psychiatrie Irvin D. Yalom. Darin sagt der Therapeut einer Klientin, die sich über ihr Schicksal beschwert: »… das zeugt nicht von der Ungerechtigkeit der Welt, sondern von der Gleichgültigkeit des Kosmos.«

Dieser Satz hat mich gepackt. Ich falle über das Nachdenken in tiefste Entspannung. Fühle mich plötzlich emporgehoben, verlasse durch meine Schädeldecke den festen Boden, die Erde, die Atmosphäre, fliege immer weiter, bis in die schwarzblaue Tiefe des Kosmos. Sehe die Millionen von Planeten, Sternen und Sonnensystemen, welch eine Pracht! Höre auf einmal eine Stimme, die zu mir sagt: »Schau dich um, dies alles habe ich geschaffen. Du wirst verstehen, dass ich mich leider nicht um jedes Lebewesen auf jedem Planeten einzeln kümmern kann. Außerdem: Mir ist jede Spezies, egal wo sie lebt, gleich lieb.«

Ich kehre gedanklich zurück, bin ein bisschen verwirrt. Reibe mir die Augen, strecke mich. Denke über diese Visionsreise nach, und mir wird klar, welche Botschaft sie mir übermittelt hat: »Du bist Teil eines großen, wunderbaren Systems, das dich staunen lässt. Aber du bist für dein Schicksal selbst verantwortlich. Warte nicht darauf, dass jemand anderes, schon gar nicht ein großer Schöpfer, dein Leben gestaltet, dir deine großen oder kleinen Alltagssorgen auflöst. Das kannst nur du selbst. Liebe dich selbst, sorge für dich, für dein Glück. Wenn du dich zu schwach dazu fühlst, dann erinnere dich an das große Ganze und ziehe deine Energie aus dem Kosmos, von den funkelnden Sternen, aus den Wundern deines Planeten, und dann wende dein Leben zum Guten. Heute, jetzt, mutig, fröhlich und vertrauensvoll. »

Ich liebe mich selbst und sorge für mich.

Klingt gut. Und ist doch manchmal so schwer. Vor allem in den schwachen Momenten unseres Lebens, in denen wir uns nicht mögen, in Selbstmitleid baden und glauben, es habe doch eh alles keinen Zweck. In denen eine innere Stimme flüstert: »Bescheide dich, mehr ist halt nicht drin.« Oder sogar eisig zischelt: »Du mit deinem Freiheitsdrang, deinen Flausen im Kopf, jetzt siehst du ja, wohin dich das führt ...« Mein Visionserlebnis macht mir Mut, immer wieder zur Handelnden in meinem Leben zu werden. Wenn wir uns nichts Gutes tun, wer sonst? Das Leben kann herrlich sein!

1.

Ich darf mich mögen

Es muss einen Grund haben, wenn ich ausgerechnet mit diesem Kapitel beginne. Und es hat in der Tat einen: Über kein anderes Thema kann man das Selbstbewusstsein einer Frau so nachhaltig schwächen wie mit Bemerkungen darüber, wie sie aussieht oder wie sie wirkt. Die erfolgreichsten Frauen lassen sich mit Fragen wie »Hm, interessanter Rock, bisschen kurz?« oder »Was machen denn Ihre armen Kinder, wenn Sie so viel unterwegs sind?« aus der Bahn werfen. Sie würden das niemals glauben? Diese Frauen würden es niemals zugeben? Sie tun es trotzdem, glauben Sie mir.

Ich arbeite seit vielen Jahren mit Frauen zum Thema Kränkungen. Und kann konstatieren: 90 Prozent der Kränkungen haben mit der Persönlichkeit der Frau zu tun – wie sie aussieht, wie sie geht, wie fit sie ist, wie sie spricht, ob sie eine gute Mutter ist, wie sie sich kleidet, ob sie weiblich genug ist, wie sie denkt. Kritik an ihrem Tun kann eine Frau viel besser wegstecken, aber wie sie ist – Bemerkungen darüber gehen oft bis ins Mark.

In einem Seminar für Frauen und Männer erzählte einmal eine Frau von einer »unglaublichen Kränkung« durch ihren Chef. Er hatte, als ihr Zeitvertrag auslief, gesagt: »Ach, Frau M., so wie Sie aussehen, finden Sie doch bestimmt sofort wieder einen neuen Job.«

Die Reaktionen der anderen Seminarteilnehmer war interessant: Die Frauen teilten ihre Empörung: »Unverschämtheit!« Die anwesenden Männer fragten zögernd nach: »Ah, können Sie das noch einmal erzählen, ich habe nicht mitbekommen, wo war da die Kränkung …?«

Als sie die Geschichte noch einmal erzählt hatte, wagte einer der Männer zu sagen: »Kann es nicht einfach sein, dass Ihr Chef Ihnen ein Kompliment machen wollte?« Die Teilnehmerin versuchte, ihm klarzumachen, dass ihr Aussehen ja wohl nichts mit ihren Qualifikationen im Job zu tun habe. Was der andere auch nie angenommen hätte. Welten prallten aufeinander. Was wieder zeigt: Kränkungen kann nur der erleben, in dem der entsprechende »Kränkungsknopf« angelegt ist. Worüber andere nicht eine Minute nachdenken würden, sinnieren die, deren Knopf gedrückt wurde, oft über Jahre.

Ich entschärfe meinen Kränkungsknopf.

Frauen leben in einer Kultur der Äußerlichkeiten, dem Zwang zur Konformität. Angeblich mit der größtmöglichen Freiheit ausgerüstet, die Frauen jemals beschieden war, streben doch die meisten verzweifelt danach, der Norm zu entsprechen – in Sachen Schönheit, Fitness oder Status. Auf diesem Gebiet tobt ein stiller, aber verbissener Konkurrenzkampf: »Spieglein, Spieglein an der Wand, wer ist die Schönste im ganzen Land?«

Das beginnt bei der Diktatur der Mode. Wer »dazugehören« möchte, muss sich anpassen. Das »It-Girl« bestimmt den Modetrend. Sie kennen den Ausdruck nicht? Ich bis vor kurzem auch nicht. Aber die BUNTE-Bildung macht's möglich. Das It-Girl ist das, was man früher »Stilikone« genannt hat. Meist irgendein amerikanisches Promimädel, knapp über 20, stark untergewichtig und blond. Das It-Girl macht's vor: Flipflops zum Abendkleid, gürtelbreiter Jeansmini oder »High hair«, also toupiertes Haar. An ihre Vorgaben sollten sich alle Frauen südlich des Polarkreises halten.

Der Anspruch an die äußere Perfektion wächst beständig und wird immer technischer: In den 1960er- und 1970-Jahren lernten Frauen noch, ihre kleinen Schwächen mit »vorteilhaften« Kleidern zu überspielen, von der A-Linie bis zum formenden Playtex-BH.

In den Achtzigern und Neunzigern blühte das Geschäft mit Diäten und Fitnesskursen, von Atkins und der Bikini-Diät bis zu Aerobic und »Bauch-Beine-Po-Gymnastik«. Der Wonderbra half äußerlich, Busenmängel zu beheben.

Nun, zu Beginn des 21. Jahrhunderts, kommen wir dem Retortengedanken immer näher – mit »Schönheits«-Operationen. Busen aufpolstern, Oberschenkel absaugen, Hintern formen, Lippen quellen lassen. 16-jährige Mädchen lassen sich öffentlich im Privatfernsehen einen Luxusbody schneidern. Sind wir noch ganz bei Trost?

Der Konsumterror weist Frauen das Normmaß zu: Wenn du nicht hineinpasst, musst du etwas tun, um hineinzupassen. Wie Anita Roddick, die Gründerin der »Bodyshops« einmal sagte: »Früher wurden den Frauen Kleider auf den Leib geschneidert. Heute wird der Körper für die Kleider zurechtgeschneidert.« Molligere Frauen kommen weinend nach Hause, weil sie in den Boutiquen keine Hose finden, die über ihre Hüften passen. Sie empfinden es als unglaubliche Kränkung, vom Kauf der neuen Mode ausgeschlossen zu werden.

Wer sagt, dass ich der Norm entsprechen muss?

Die Folge: Sie melden sich bei der weltgrößten Für-immer-schlank-Gruppe an, die natürlich auch die passenden Nahrungsmittel in die Supermärkte schaufelt. Ist das nicht eine seltsame Symbiose: Die Bekleidungsindustrie bestimmt, welche Figur frau zu haben hat, und alle Anbieter in der Nahrungskette verdienen mit: Fitnessstudios, Lebensmittelhersteller, Kosmetik- und Pharmafirmen, Zeitschriften …

Mit großen Augen sehen wir Filme über ferne Kulturen, in denen sich Frauen den Hals mithilfe Hunderter von Reifen zu halber Giraffenlänge ziehen lassen, wir lesen mit Abscheu über Beschneidungsrituale in Afrika, uns graust vor dem Anblick von Tellerlippen »primitiver Völker«. Und überlesen, dass sich in den westlichen Industrienationen mehr als 50 Prozent der Frauen nie richtig satt essen, weil sie schlank werden oder bleiben möchten. Und wenn sie es mal tun, kasteien sie sich anschließend mit der doppelten Zahl von Work-outs (auch ein Begriff der Unterdrückung). Die Zahl derer wächst rasant, die sich ihren Körper »beschneiden« lassen oder schwerste Essstörungen entwickeln. Das ist krank!

Doch es geht nicht nur um dick oder dünn. Mit dem mangelnden Selbstwertgefühl von Frauen werden Milliarden verdient. Wir kneten jahrelang Chemie ins Haar, um die »trendigste« Haarfarbe hinzubekommen oder altersbedingte graue Haare zu übertönen. Wir bewegen uns auf sündteuren, lebensgefährlichen Highheels durch die Welt, weil sie die Beine »um so viel länger aussehen lassen und einen eleganten Hüftschwung erzwingen«, wie ich neulich in einer angeblich seriösen Tageszeitung las. Die Steinzeit lässt grüßen.

Die Summe der Ausgaben für Tinkturen und Cremes, Anti-Aging-Joghurts und Aloe-Vera-Drinks, mit denen wir unsere Jugendlichkeit erhalten wollen, würde ausreichen, uns eine lebenslange zusätzliche Altersvorsorge zu garantieren.

Man kann einen desillusionierenden Schluss ziehen: Ein Großteil der Wirtschaft blüht auf dem Humus der Unzufriedenheit von Frauen (und einer wachsenden Anzahl von Männern). Der Umkehrschluss: Wären Frauen zufrieden mit sich selbst, würde die Wirtschaft darben. Wer sollte deshalb Interesse daran haben, dass Frauen glücklich sind?

Frauen investieren aber mehr als Geld: Wir versuchen, gleichzeitig Mitarbeiterin des Monats, Mutter aller Mütter, die beste Hausfrau aller Zeiten, Gattin des Universums, verständnisvolle und treusorgende Tochter, Schwester, Freundin, Nachbarin … zu sein und dabei selbstverständlich auch noch gut auszusehen.

Selbst im Beruf geht es längst nicht mehr allein um Fähigkeiten oder Leistung. Auch dort wird klar signalisiert: Wer Karriere machen will, muss schlank und fit sein. Sich gehen zu lassen bedeutet Disziplinlosigkeit. Früher ging man zur Entspannung spazieren, heute geht es nicht unter einem Halbmarathon. Wie heißt ein Spontispruch: »Nur die Harten kommen in den Garten.«

Ich muss keinen Marathon laufen.

Die Erfolgsgeschichten auf Managerinnenkongressen kreisen um die Teilnahme am Iron-Man auf Hawaii oder zumindest den New York Marathon. Das absolut Wahnsinnigste, was ich je gesehen habe: eine Diashow über das härteste Rennen der Welt – mit dem Fahrrad bei 50 Grad Hitze durch Australien. 400 Zuschauerinnen durften sich sogar Fotos des wundgescheuerten Hinterns des Vortragenden anschauen. Und nur um zu lernen: Für Leistung muss man sich schinden. Tatsächlich!?

Sie haben den Eindruck, ich rege mich auf? Jawohl, ich rege mich auf! Ich will mich aufregen!

Ich rege mich auf über Redner, die behaupten, man könne nur Erfolg haben, wenn man mindestens drei Mal in der Woche jogge. Damit wir uns nicht missverstehen: Ich bewundere Menschen, die drei Mal die Woche joggen oder schwimmen gehen oder ins Fitnessstudio oder tanzen … Ich lehne nur die Verallgemeinerung ab, dass man nur so glücklich und/oder erfolgreich werden kann!

Ich rege mich auf über Frauenzeitschriften, in denen es kein Modell gibt, das über Größe 38 hinausgeht, und deren Coverfotos noch einmal am Computer verschlankt werden. Zur Klarstellung: Ich finde nicht, dass alle dünnen Frauen magersüchtig sind oder sonst wie krank. Ich finde nicht, dass man fett sein muss, um glücklich zu sein.

Ich möchte nur, dass die Vielfalt an Figuren und Lebens-
weisen akzeptiert wird. (Übrigens finde ich Frauenbeine
in Highheels umwerfend schön. Auch wenn ich selbst
einen ganzen Trainingstag lieber auf bequemen, flachen
Schuhen durchstehe.)

Ich rege mich auf über weibliche Nachwuchsführungs-
kräfte, die nach einem Seminartag zum Thema Durch-
setzung beim Abendessen nur über Diäten reden. Mein
Gott, wie viele Diäten habe ich selbst schon gemacht (ich
könnte ein Buch darüber schreiben), aber das kann doch
wohl nicht die einzige Frage sein, die ehrgeizige berufs-
tätige Frauen miteinander diskutieren sollten.

Ich rege mich auf über eine neue Zeitschrift für die
»reifere Frau«, in der es wieder nur um das eine geht: Was
kann ich tun, um Normen zu erfüllen, mit den besten
Tipps für die Lidfaltenstraffung. Was ich meine: Da hast
du endlich mal das Gefühl, die sehen auch mal uns über
40-Jährigen. Und dann geht es doch nur wieder darum,
stromlinienförmig zu werden. Das ärgert mich. Wobei
ich jede Frau verstehe, die ihre hängenden Lider straffen
lässt. Aber man muss es nicht tun!

Übrigens: Ich freue mich über erste nachdenkliche
Ansätze bei einigen italienischen Modeschauen, die im
Herbst 2006 erstmals »normalgewichtige« Models über
den Catwalk schickten, weil inzwischen 60 Prozent aller Käuferinnen mindestens Größe 40/42 tragen. Und
ich las gerade mit Freude eine Meldung in der Frank-

furter Rundschau über eine aktuelle Umfrage, nach der 86 Prozent der deutschen Männer »fülligen Frauen« des Typs Marilyn (die übrigens Größe 42 trug) den Vorzug vor Bohnenstangen geben würden. Frauen bevorzugen die Fülle allerdings nur zu 77 Prozent.

Auch ich will attraktiv sein, auch ich möchte schön aussehen, auch ich möchte mich modisch kleiden, trotz meiner kleinen Größe (1,62) und meiner großen Größe (48 – oops, jetzt ist es raus). Aber ich weiß, dass ich hier im Kampf um Autonomie noch mitten im Getümmel stecke. Vor kurzem war ich in den USA auf einem großen Trainerkongress. An einem freien Tag besuchte ich eine dieser riesigen Einkaufs-Malls. Und geriet ins Paradies: Im Macy's, einem großen Kaufhaus, entdeckte ich in der Damenabteilung Mode in meiner Größe. Und zwar nicht verschämt in einer dunklen Ecke, sondern eine halbe Etage mit verschiedenen Markenshops, ob Tommy Hilfiger oder Lacoste, die selbstverständlich alle Kleidungsstücke auch in »large« anboten (und das meinte nicht Größe 42, wie meistens bei uns). Nicht in dumpfen Farben oder mit Teddybärchen zu unförmigen Hängerchen verschandelt. Und nicht zu Schmerzensgeld-Preisen, sondern zum gleichen Preis wie alle anderen Größen. Ich schwelgte in den Sachen und zog mit Tüten voller hübscher, auf Mollige zugeschnittener Teile ab. Ein heilendes Erlebnis.

Ich bin nachsichtig mit mir selbst.

Ich gelte als selbstbewusst, fröhlich und humorvoll. Ja, das bin ich. Und das trotz aller Kränkungen, die ich als übergewichtige Frau immer wieder erfahren habe! Es hat mich ein ganzes Stück Arbeit gekostet, mir von all den offenen und versteckten Angriffen nicht mehr den Schneid abkaufen zu lassen. Wie viel Energie habe ich mein halbes Leben lang aufwenden müssen, von der Tanzstunde über die Arbeit bei Frauenzeitschriften bis zu Formulierungen in Bekanntschaftsanzeigen »Suche schlanke, feminine Frau«, um trotz meines vermeintlichen Mankos Selbstliebe zu entwickeln.

Ich weiß, dass es anderen Frauen mit ihrem »Anderssein« ähnlich geht. Lisa beispielsweise, 35 Jahre alt, ist mit einer Körpergröße von 1,81 Meter gesegnet. Erst eine Rückgratverkrümmung, verbunden mit ständigen Schmerzen, zwang sie dazu, sich mit ihrer Körpergröße auszusöhnen. Von klein auf hatte sie gelernt, den Kopf und die Schultern einzuziehen. Große Frauen kriegen keinen Mann, hatte sie zu Hause gelernt. Große Frauen machen Chefs Angst, diese Botschaft war für ihre Lehre als kaufmännische Angestellte nicht gerade förderlich. (Kleine Übung am Rande: Ziehen Sie doch mal kurz Kopf und Schultern ein, und spüren Sie, wie man sich so fühlt. Überlegen Sie, welchen Eindruck jemand macht, der so herumläuft.)

Lisa jedenfalls lief jahrelang herum wie ein lebendes Fragezeichen. Selbstbewusstsein gleich null. Bis die Krise sie zum Umdenken zwang. Bei einem verständnisvollen, aber konsequenten Krankengymnasten lernte sie, aufrecht zu gehen, ihre vollen 1,81 Meter zu zeigen. Der riet ihr auch zu einer Gesprächstherapie. Und mit ihrem Körper richtete sich ihre Seele auf. Sie lernte, ihre Größe anzunehmen. Sich nicht mehr klein zu machen. Sie musste und konnte akzeptieren, dass sie in ihrem Leben keine »kleine Niedliche« mehr werden würde (wie ihre entzückende Schwester). Sie läuft seitdem ganz anders durch die Welt. Sie strahlt. Und das Tolle daran: Sie wird ganz anders behandelt, mit mehr Respekt nämlich.

Wenn ich zu mir stehe, richtet sich meine Seele auf.

Oder Rita, 38: Sie ist die einzige Nichtakademikerin in ihrer Abteilung, bringt die gleichen guten Ergebnisse wie ihre Kollegen, quält sich aber ständig mit dem Gedanken herum, ob sie nicht doch noch studieren sollte. Sie fühlt sich nicht gleichwertig unter den Kollegen. Fragt man sie, ob die anderen sie das spüren lassen, ob ihr Chef sie benachteiligt, kann sie nur den Kopf schütteln. Nein, die akzeptieren sie voll. Und wir finden heraus: Es sind ihre starken Selbstzweifel, die ihr keine Ruhe geben. Anstatt sich über ihren unglaublichen Erfolg zu freuen und stolz auf sich selbst zu sein, sucht sie nach dem Haar in der Suppe.

In der Arbeit mit Frauen ist mir klar geworden, dass nicht immer nur die anderen schuld sind, wenn es uns nicht gut geht:

Frauen werden gekränkt - und sie lassen sich kränken
Frauen werden beurteilt - und sie unterwerfen sich dem Urteil
Frauen werden verurteilt - und sie verurteilen sich selbst
Frauen verachten andere - aber verachten vor allem sich selbst.

In meinen Augen ist der größte Schritt zu Freiheit und Selbstbestimmung: mich selbst akzeptieren zu lernen. Mit all meinen vermeintlichen Schwächen. Die große Erlaubnis heißt deshalb: Ich darf mich mögen!

Der größte Schritt zu Freiheit und Selbstbestimmung: mich selbst akzeptieren zu lernen.

Und zwar so, wie ich bin,
- in meiner ganzen Durchschnittlichkeit
- mit meinem kritischen Geschmack
- mit meinem Übergewicht
- mit der großen Nase
- mit meinem Pragmatismus

- mit den Besenreisern
- mit meiner anderen Art zu denken
- mit der leisen Stimme
- mit dem nicht genutzten Fitnessvertrag
- mit meinen durchschnittlichen Kindern
- mit den Schlupflidern
- mit dem Singledasein
- mit der Narbe auf dem Knie
- mit meinen seltsamen Vorlieben (die Salatsoße bitte auf einen Extra-Teller)
- mit dem zu großen oder zu kleinen Busen
- mit den kurzen Beinen
- mit der Vorliebe für schnulzige Filme
- mit den knubbeligen Fingernägeln
- mit der mittleren Reife
- mit dem dicken Hintern
- mit meiner distanzierten Art
- mit den zwei Scheidungen
- mit den schiefen Zähnen
- mit meinem brüllenden Lachen

....
....
....
....
....
....

Füllen Sie die leeren Zeilen ruhig aus. Ich kenne keine (!) Frau, die sich nicht mit irgendetwas versöhnen müsste oder versöhnt hat.

Leider haben viele Mädchen in ihrer Kindheit nicht genügend Selbstbewusstsein mitbekommen, um sich als Frauen unabhängig von Vorgaben und Vorschriften zu machen. Sie haben im Gegenteil gelernt: Das macht man, das macht man nicht. So muss man sein, um lieb gehabt zu werden. Und sich von diesen Vorgaben zu befreien ist manchmal furchtbar schwer. Das gilt insbesondere für Frauen meiner Generation, aber leider finden sie sich auch unter Jüngeren.

Früher glaubte ich, Entscheidungen träfen wir zu achtzig Prozent aus freiem Willen, zwanzig Prozent wären Prägung. Heute bin ich überzeugt, dass das Gegenteil richtig ist: Achtzig Prozent sind Prägungen, das Vorbild unserer Eltern, die Glaubenssätze, mit denen wir groß geworden sind, gesellschaftliche Regeln. Und höchstens zwanzig Prozent sind unsere eigene freie Entscheidung. Und das ist schon viel.

Ich erkenne, was mich geprägt hat.

Nun kann man sagen, wir leben doch schließlich in dieser Gesellschaft, da muss man sich eben anpassen. Sicher, nur wissen sollten wir vom Grad der Beeinflussung. Und uns nicht einreden, dass wir dies oder jenes wirklich wollen, obwohl es uns vielleicht unglücklich macht. Erwachsenwerden heißt für mich auch herauszufinden, was mein Wille ist, und dann dafür zu sorgen, dass er geschehe.

Folgenden Dialog hatte ich neulich in einem Seminar mit Martina, 41, Teamleiterin bei einer Bank, Kleidergröße 42. Es war uns beiden ernst, auch wenn die anderen Seminarteilnehmerinnen aus dem Grinsen nicht mehr herauskamen:

Ich: Wovon wollen Sie weniger in Ihrem Leben?

Martina: Ich würde eigentlich gern fünf Kilo abnehmen.

Ich: Nun, dann nehmen Sie doch diese fünf Kilo ab.

Martina (lustlos): Ja, aber das ist nicht so leicht.

Ich: Ich weiß. Wissen Sie denn, wie Sie es schaffen könnten?

Martina: Ja, schon.

Ich: Dann machen Sie sich doch einen Plan, und fangen Sie an.

Martina (resigniert): Aber das ist nicht so einfach.

Ich: Ich weiß. Was wird denn anders sein, wenn Sie fünf Kilo abgenommen haben?

Martina (überlegend): Meine Sachen werden mir wieder besser passen.

Ich: Das ist eine gute Motivation. Wann werden Sie anfangen?

Martina (zögernd): Mhm, im Augenblick ist das schwierig …

Ich: Wie wäre es, wenn Sie einen Vertrag mit sich abschließen: Ich werde mir ein halbes Jahr Zeit geben, bevor ich die fünf Kilo abnehme. Ende des Jahres werde ich neu darüber beschließen.

Martina (lebhafter): Das klingt gut.

Ich: Schreiben Sie diesen Vertrag jetzt gleich hier auf, und unterschreiben Sie ihn.

Martina (mit leuchtenden Augen): Au ja!

Wenn Sie ausgegrinst haben, überlegen Sie doch für sich selbst: Was müssen Sie eigentlich vielleicht unbedingt irgendwann mal tun? Wollen Sie es wirklich? Oder glauben Sie nur, dass Sie es wollen müssten? Wenn es Ihnen wirklich ernst ist, mehr Sport zu machen zum Beispiel oder Zeit für Entspannung zu finden, dann machen Sie sich heute noch einen Plan. Falls Sie merken, dass Ihre Motivation nicht stark genug ist, lassen Sie das Vorhaben fallen, und geben Sie sich Zeit, später erneut darüber zu entscheiden.

Eine Frau, die ich kürzlich zufällig traf, berichtete mir begeistert: »Frau Asgodom, ich war vor einem Jahr in einem Vortrag von Ihnen, und er hat mein Leben verändert.« Wodurch? »Sie haben gesagt, man könne sich auch dagegen entscheiden, Sport zu machen.« Ich erinnerte sie pflichtgemäß an das, was ich immer dazu sage: »Alles hat seinen Preis. Wir müssen bei unseren Entscheidungen nur bereit sein, den Preis zu bezahlen.« Sie lächelte: »Ist schon okay. Mir geht's saugut damit.«

Sich anpassen hat seinen Preis und aus der Reihe tanzen auch. Mit der Mode mitgehen macht Spaß, seinen eigenen Stil zu finden auch. »Zieh nicht jeden Pantoffel an, der dir hingestellt wird«, sagt meine kluge Freundin Elke immer.

Ich weiß: Sich anpassen hat seinen Preis und aus der Reihe tanzen auch.

Einen weiteren, wunderbaren Aspekt hat die Erlaubnis, sich zu mögen: Wenn ich mir erlaube, so zu sein, wie ich bin, »ein unvollkommener Mensch in einer unvollkommenen Welt«, finde ich aus der inneren Wagenburg heraus, aus der ich über alle anderen urteilen muss. Kennen Sie diese Gedanken: »Also, was hat die für doofe Ohrringe.« – »Mannomann, mit so einem Bauch würde ich aber nicht so ein kurzes T-Shirt anziehen.« – »In ihrem Alter sollte die aber auch eine andere Frisur tragen.« Frauen sind Weltmeister im Beobachten – und im schnellen Urteil. Gern zusammen mit Freundinnen. Kennen Sie das Spiel, über andere herzuziehen? Frauen können dabei absolut gnadenlos sein.

Wenn ich mir erlaube, so zu sein, wie ich bin, und aufhöre, mich zu verurteilen, kann ich auch aufhören, andere ständig zu bewerten. Wertungen sind immer abträglich, weil eine immer schlechter abschneidet. Ist es die andere, setze ich sie in meinen Augen herab, ein billiger Triumph. Bin ich es, muss ich die andere sowieso hassen, die blöde Ziege.

Es gibt eine ganz praktische Methode, aus dieser inneren Wagenburg herauszukommen: Ich kann beschließen, ab sofort nur noch wahrzunehmen, statt zu werten. Frauen sind bekanntermaßen Informationssammlerinnen, sie können nicht nicht gucken. Aber wir können lernen, einfach wahrzunehmen: Aha, roter Rock, blaue Bluse, interessante Kombination. Würde mir für mich nicht gefallen, aber ich muss es ja auch nicht anziehen.

Wer sich selbst die Erlaubnis gegeben hat, sich zu mögen, wird spüren, dass die Sucht nachlässt, andere zu bewerten. Wir müssen nicht andere schrecklich finden, um uns besser zu fühlen. Wir können es aushalten, wenn eine andere anders lebt als wir selbst, andere Dinge bevorzugt, etwas macht, was wir uns nicht trauen oder nicht gut fänden.

Wir können die anderen so sein lassen, wie sie sind. Welch eine Erleichterung! Welche Energieersparnis! Ich muss mir nicht mehr über andere den Kopf zerbrechen und kann einfach bei mir sein, mir über meine Sachen Gedanken machen, kreativ werden oder einfach nur träumen.

Ich muss Sie warnen: Wenn Sie sich aus dem Kreis derer lösen, die gern über andere herziehen, kann es sein, dass Sie Folgen spüren. Dass manche Freundinnen Sie verändert finden und gar nicht mehr so lustig wie früher. Dass Ihre Schwägerin beleidigt ist, weil Sie am Familientratsch gar nicht mehr interessiert sind. Sie werden manche Zeitschriften oder Fernsehsendungen nicht mehr so spannend finden, in denen alberne (und oft frei erfundene) Geschichten über Promis erzählt werden. Ihr Leben kann sich fundamental verändern. Denn Sie werden zufriedener sein. Wer sich selbst mag, muss sich nicht an anderen reiben.

Ich werte andere nicht ab, um mich besser zu fühlen.

Das gilt auch im Umgang mit Männern. Ich erlebe eine wachsende Verachtung von Frauen um die vierzig Männern gegenüber. Eine Verachtung, die ich sehr wohl kenne. Viele Jahre habe ich mich selbst damit über vermeintliche Benachteiligungen hinweggetröstet. »Männer sind Schweine« ist ein Lied, das zwar von Männern gesungen wird, aber bei Frauen auf fruchtbaren Boden gefallen ist. (Stellen Sie sich mal vor, das Lied hätte geheißen »Frauen sind Schlampen«, welcher Aufschrei wäre durch die Gesellschaft gegangen.)

Heute kann ich mich über doofe Männer in Filmen, über tumbe Deppen in Frauenromanen und die wachsende Zahl von männerfeindlichen Witzen nicht mehr freuen. Ich finde, auch Männerverachtung ist menschenverachtend. Sicher hat meine innere Veränderung mit der Arbeit mit männlichen Klienten zu tun. Seit ich in die Seele von Männern schauen darf, entwickle ich Liebe für Männer, Verständnis für ihr Verhalten, Mitgefühl für ihre Lebensmuster, die sie natürlich auch in starkem Maße prägen.

Wie sagte meine Großmutter immer, wenn wir mit dem Finger auf jemanden zeigten: »Der Zeigefinger weist auf den anderen, aber drei Finger weisen auf dich zurück.« Wer sich als Opfer fühlt, braucht eine Projektionsfläche für seine Wut. Wer sich selbst nicht mag, braucht einen anderen, dem er die Schuld für alles geben kann. Aber ist es nicht allzu billig, alle Männer als Vollidioten abzustempeln?

Eine Frau, die sich selbst mag, braucht keinen Sündenbock. Sie kann Männer so sehen, wie sie sind: Menschen, die ihrerseits Stärken und Schwächen haben, die in vielem anders ticken als Frauen und mit denen es sich lohnt, sich auseinanderzusetzen. Wir können andere Denkweisen und Handlungsweisen beobachten. Sie haben andere Präferenzen. Haben uns gerade im Beruf oft einiges an Strategien voraus. Aber auch sie sind nicht vollkommen.

Ich mache Männer nicht zu Sündenböcken.

Mit der Erlaubnis, sich selbst zu mögen, geben Frauen sich auch die Erlaubnis zu einer neuen Freundschaft mit Männern, herzlich, ehrlich, neugierig auf das andere Denken und Fühlen. Sie können an die Stelle von Verachtung eine kritische Achtung setzen. Achtung für andere, also Wertschätzung, hat viel mit Selbstachtung zu tun. Achten heißt ernst nehmen, sich auseinandersetzen, Respekt zollen und ehrlich streiten können.

Wie wir selbstbewusst mit Männern (und anderen Frauen) umgehen können, die es nicht gut mit uns meinen, darüber lesen Sie mehr in einem späteren Kapitel. Denn achten heißt nicht, alles hinnehmen müssen. Oh nein.

2.

Ich darf Erfolg haben

»Geerdet sein heißt, auf seinen eigenen Füßen zu stehen; und das bedeutet, selbstständig zu sein. Die Fähigkeit, auf eigenen Füßen zu stehen, ist ein Zeichen für Reife.« So schreibt der Psychologe Alexander Lowen in seinem wunderbaren Buch über die Freude[1]. Eine Frau, die auf ihren eigenen Füßen steht, lenkt die Richtung ihrer Schritte, bestimmt die Geschwindigkeit und den Rhythmus; sie entscheidet über den Energieeinsatz und über Pausen; sie bestimmt, ob sie Marathon läuft oder gemütlich schlendert, hüpft oder tanzt.

So individuell die Möglichkeiten der Fortbewegung sind, so individuell ist der Begriff Erfolg. »Ich darf Erfolg haben« meint nicht den Krampf und Kampf von Karriere um jeden Preis. Es ist die große Erlaubnis, das zu tun, was ich gerne tue, was ich gut kann, was meinen Talenten und Fähigkeiten entspricht und wofür ich ein angemessenes Gehalt oder Honorar bekomme. Es heißt, Freude am Erfolg zu entwickeln und zu genießen.

Erfolg spricht Verstand und Seele an. Es geht deshalb vor allem um die Erlaubnis, mich erfolgreich zu fühlen. Ich erlebe immer wieder Frauen, die nach außen äußerst erfolgreich scheinen und die auf Nachfrage auch zugeben, sie wüssten, dass sie erfolgreich sind oder, wie sie oft sagen, »nicht ganz so unerfolgreich«. Aber sie können es nicht fühlen!

Ich bin erfolgreich und fühle es auch.

Es ist ein großer Unterschied, ob eine weiß, dass sie erfolgreich ist, oder ob sie es in ihrem tiefsten Inneren spürt. Wenn sie es nicht kann, dann hat sie meistens Botschaften ins Leben mitbekommen, die ihr das Gefühl der Großartigkeit nicht erlauben. Viele Frauen müssen erst lernen, sich von den negativen Losungen der Eltern, Großeltern oder Lehrer zu befreien. Dabei sind die Botschaften gerade in meiner Generation rabiat gewesen. Sie reichten von »Ein Mädchen braucht das nicht« bis »Was soll aus dir werden, du bist eh nichts.« Wobei auch junge Frauen diese Sprüche kennen.

Viele Teilnehmerinnen, die beruflich weit gekommen sind, erzählen in Seminaren, dass ihre Eltern heute noch erstaunt sind, wie erfolgreich sie sind: »Und dafür bezahlen die dich?« – »Was, die haben dich genommen?« – »Das kannst du?« Wenn überhaupt gefragt wird, wie es beruflich geht.

Anne, 38, hat sich vor fünf Jahren mit einer PR-Agentur selbstständig gemacht. Ihre Eltern, die nur zwei Straßen weiter wohnen, waren bis heute noch nie bei ihr im Büro und fragen auch nie, wie es läuft. Ihr Erfolg ist einfach tabu. Dass sie noch keine Kinder hat, ist dagegen ein immerwährendes Thema.

Kaum ein Thema wird Mädchen und Frauen so angstbesetzt weitergegeben wie das Erfolgreichsein. Noch vor zwei Generationen wurden erfolgreiche Akademikerinnen als »Blaustrumpf« bezeichnet, die sicher keinen Mann abbekommen würden. Allein das Wort »abbekommen« sagt einiges aus. Und gerade zehn Jahre ist es her, dass eine angeblich von der Universität Yale durchgeführte Untersuchung kolportiert wurde, nach der eine erfolgreiche Frau größere Chancen hätte, von einem Terroristen erschossen zu werden, als einen Mann zu bekommen. Auf einer Veranstaltung vor fünf Jahren hörte ich einen einflussreichen Politiker zu Frauen sagen, es wäre kein Ziel, an die Spitze zu kommen, weil man da »sehr einsam« würde. Ihn konnte es offensichtlich nicht davon abhalten, aber für Frauen ist das natürlich nichts.

Es wird Zeit, sich von diesen besorgten Drohungen zu lösen. Das eigene Glück nicht von der Meinung der Eltern, einem Partner oder sonst irgendjemandem abhängig zu machen. Die eigenen Botschaften dagegenzusetzen: »Ich bin gut. Ich kann etwas. Ich leiste etwas. Und ich bin dazu noch liebenswert.« Und zwar nicht trotzig, beweisen wollend, sondern souverän, endlich erwachsen eben. Beispiele zeigen, dass dies sehr wohl geht.

»Es ist unmöglich, dass ein Mädchen die beste Mathematikschülerin in einer Klasse ist«, mit dieser Begründung bekam Gudrun, 47, auf dem Gymnasium immer die zweitbeste Note von ihrem Mathelehrer, obwohl sie die besten Arbeiten schrieb. Erst als der Junge, der statt ihrer die Einsen bekam, sich wehrte, änderte sich das.

Gudrun studierte nach dem Abitur Ingenieurwissenschaften und ist heute eine angesehene Elektroingenieurin. Dazu ist sie verheiratet und hat zwei Kinder. Doch es dauerte Jahre, bis sie sich auch endlich erfolgreich fühlte. »Ich dachte immer, ich hätte die Anerkennung nicht verdient. Ich habe mich klein gemacht und immer wieder ganz stark auf Fehler verwiesen, die ich ja manchmal auch machte.«

In unserem Seminar sagt sie das erste Mal – mit einem Lächeln: »Ich bin eine der erfolgreichsten Ingenieure in meinem Unternehmen.« Ihr Grinsen wird noch breiter, als sie hinzufügt: »Die können froh sein, dass sie mich haben.« Und sie wird rot vor Freude, als die anderen Teilnehmerinnen begeistert klatschen.

Das dürre Wissen ist das eine, es lässt den Erfolg hohl

schmecken; aber dieses warme Gefühl des Stolzes in der Brust, das ist das andere, wichtigere, das ist Lebensfülle. Wenn dieses Gefühl fehlt, ist es schwer, die Eigenmotivation zu halten: Wofür mache ich das eigentlich alles? Wenn wir aber dieses Kribbeln hinterm Brustbein spüren, hei, ich bin genau am richtigen Platz, alles ist möglich, dann bekommt jeder Tag einen Sinn.

Zwei kleine Übungen können helfen, das Gefühl für gute Arbeit, für die Beherrschung der gestellten Aufgaben, das Wissen um die eigene Verantwortung zu verstärken: Führen Sie ein Erfolgs-Tagebuch, schreiben Sie jeden Abend auf, was Ihnen gut gelungen ist, was Sie erreicht haben, wofür Sie gelobt wurden, was Ihnen Spaß gemacht hat. Nach vier Wochen schauen Sie mal, wie viele Erfolgserlebnisse Sie notiert haben. Sie werden sich wundern.

Ich führe ein Erfolgs-Tagebuch.

Die zweite Möglichkeit, Erfolg für sich selbst sichtbar zu machen: Kaufen Sie sich in einem Bastelgeschäft eine Tüte mit bunten Glaskugeln (Sie wissen schon, solche, die man als Dekoration in Vasen legen kann). Legen Sie ab sofort jeden Abend für jede erfolgreiche Handlung eine Kugel in eine Schale. Denken Sie an alles, was Ihnen gelungen ist, von der Verhandlung mit einem Kun-

den über einen abgeschlossenen Brief bis zum Nudel-
auflauf. Zählen Sie nach vier Wochen einmal nach, wie
viele Erfolgserlebnisse Sie in dieser Zeit hatten. Lassen
Sie die Glaskugeln durch Ihre Finger rinnen, und freu-
en Sie sich darüber. Übrigens: Sind Sie mit den Ergeb-
nissen nicht zufrieden, ist dies vielleicht ein Hinweis darauf, dass Sie mehr Herausforderungen in Ihrem Leben
brauchen.

Stolz entwickeln heißt nicht, zur arroganten Schnepfe
zu werden. Stolz hat nichts mit Arroganz zu tun! Viele
Frauen verwechseln das gerne und wollen nicht als arro-
gante Zicke dastehen. Keine Bange: Arroganz erhebt sich
über andere, beruht auf Unsicherheit und Angst, erzeugt
Distanz zu den anderen. Stolz dagegen ist das Ergebnis harter Arbeit, beruht auf nachweisbarer Leistung und
schafft Nähe. Eine gute Ausstrahlung oder gar Charisma
bekomme ich nicht ohne das Gefühl von Stolz. Und wie
schrieb mein Lieblingsautor in Sachen Psychologie, Irvin D. Yalom: »Wenn du nicht stolz auf dich sein kannst,
dann tu etwas, auf das du stolz sein kannst.«

Ich bin stolz, aber nicht arrogant.

Das bedarf manchmal enormer Anstrengungen. Oder
besser noch: Es bedeutet, etwas loslassen zu können. Die
krasseste Botschaft, die wir aus der Kindheit mitbekom-

men haben können, heißt nämlich: »Du darfst nicht erfolgreich sein.« Wenn man ganz genau hinschaut, wird sie noch gnadenloser: »Du darfst nicht erfolgreicher sein als ich!«

Marianne, 55, Inhaberin einer Nachhilfe-Schule, hat endlich mit dem dritten Anlauf zur Selbstständigkeit wirklich Erfolg. Davor hat sie jede Menge »Selbstsabotagen« erlebt, wie sie heute feststellt. Sie studierte, bekam aber in ihrem Fach keine Stelle. Sie jobbte in verschiedenen Zeitarbeitsfirmen. Wurde dort auch bald anerkannt und geschätzt und arbeitete sich nach oben. Bis sie aus irgendeinem Grund wieder kündigte.

»Mit Anfang 40 machte ich mich als Personalvermittlerin selbstständig, ich hatte mehrere kleinere Aufträge. Eines Tages winkte ein richtig großer Deal. Ich sollte für ein Unternehmen mehrere Positionen besetzen. Aber ich schaffte es nicht. Ich saß wie gelähmt in meinem Büro und bekam die Hand nicht ans Telefon. Wochen gingen dahin, ich konnte einfach nichts tun. Bis die Personalchefin dieser Firma anrief und mir sagte, sie hätten die Stellen jetzt anderweitig besetzt.« Mariannes Firma wurde insolvent, sie musste Aushilfsjobs annehmen und jahrelang ihre Schulden abbezahlen.

In einer intensiven Therapie kam sie erst jetzt ihren Saboteuren auf die Spur: Ihre Mutter hatte ihr als Teenager immer und immer wieder eingeredet: »Aus dir wird eh nichts! Du wirst noch in der Gosse landen.« Marianne: »Meiner Mutter war es schlecht gegangen, und mir musste es auch schlecht gehen. Je mehr ich mich von ihr entfernte, umso wüster wurden ihre Prophezeiungen. Ich dachte, ich hätte mich längst davon abgenabelt. Aber jetzt wurde mir klar: Ich durfte nicht erfolgreich sein. Ich habe es mir letztendlich selbst verboten.« Noch heute erkennt sie Ansätze ihrer Selbstsabotage, erlebt Tage der Lähmung, muss sich zwingen zu akquirieren, nach draußen zu gehen. Wann immer sie die innere Bremse spürt, denkt sie jetzt an ein weißes Schild mit einem roten »Go«! Das ist ihre Erlaubnis zum Erfolg. Und nach und nach wächst die Freude über das Erreichte.

Freiheit in Sachen Erfolg bedeutet, mir bewusst zu werden:

- Ich bin klasse!
- Ich mache eine gute Arbeit!
- Ich bin zufrieden mit dem, was ich tue!
- Ich möchte gutes Geld verdienen!
- Ich darf nach dem streben, was ich möchte!
- Was ich tue, ist wichtig!
- Ich freue mich über kleine und große Erfolge!
- Ich darf ehrgeizig sein!
- Ich zeige mich mit meinen Fähigkeiten!
- Ich möchte nach Höherem streben!
- Ich darf erfolgreicher sein als mein Partner!

Da sind wir bei einem kritischen Punkt. Wie viele Frauen haben Probleme damit, mehr Geld als ihr Partner zu verdienen (fast könnte man sagen, Gott sei Dank verdienen die meisten Frauen weniger)? Mehr Geld zu verdienen ist fast so peinlich wie zwanzig Zentimeter größer zu sein als der Partner oder doppelt so stark. Mehr Geld zu verdienen macht manche Frau ebenso fröhlich, wie als Braut den Bräutigam nach der Hochzeit über die Schwelle zu tragen. Können Sie sich jetzt vorstellen, wie unangenehm das manchen ist?

Das Gute an diesem Punkt: Es gibt endlich Frauen, die so viel Geld verdienen, dass sich die Waage neigt. Und die es guten Gewissens genießen können. Das Schlechte: Gerade junge Frauen plagen sich mit der Angst herum, ob es »seinem« Selbstwertgefühl nicht schaden könnte. Das Schlechteste: Manchmal tut es das tatsächlich.

Denken Sie immer daran: Drei Millionen Jahre lang hat er das Mammut gejagt, während wir für den Nachtisch die Blaubeeren gesammelt haben. Und wir dürfen seit noch nicht einmal 100 Jahren in seinem Revier auf die Jagd gehen, sprich beruflich erfolgreich sein. Welcher Schock, wenn »sie« plötzlich mit dem Mammut (da fällt mir doch gleich die Nähe zu Mammon ein) über der Schulter zur Tür reinkommt und »sein« Kaninchen dagegen mickrig erscheint.

Ich darf das Mammut nach Hause bringen.

Bei allem Verständnis für den Kulturschock des Jägers: Wollen wir auf Erfolg, Anerkennung und finanzielle Sicherheit verzichten, nur damit wir züchtig zu ihm aufschauen können? »Du bist der Größte«, können wir auch zu dem geliebten Mann sagen, wenn wir gleichberechtigt sind. Wir können ihn verehren, bewundern, abgöttisch lieben, auch wenn er weniger Moneten (das Wort erinnert wieder ans Mammut) heimbringt als wir.

Und was bekommt er dafür? Eine ausgeglichene Frau, die sich gut fühlt, die ihre Talente lebt, die nichts übel nehmen muss oder über Diskriminierung klagt. Eine Frau, die das Leben in Fülle liebt, nicht die abgespeckte Version. Die nicht neidisch sein muss, sondern großzügig sein kann. Die sich ihres Wertes bewusst ist und seinen schätzen kann.

Ich genieße das Leben in der Fülle.

Die beste Nachricht am Schluss: Immer mehr Männer sind froh, wenn die finanzielle Last für eine Familie auf vier Schultern verteilt ist. Dann drückt sie nämlich die seinen nicht mehr so arg. Wie wichtig die gemeinsame Last in Zeiten von Unternehmensverkäufen, Umstrukturierungen, Privatisierungen, Massenentlassungen, sprich wirtschaftlicher Unsicherheit ist, möchte ich nur erwähnen. Kein Arbeitsplatz ist heute noch sicher. Und ganz am Rande: Auch Ehen sind immer mehr gefährdet (übrigens nicht nur die von Doppelverdienern). Ein eigenes Einkommen bringt ein hohes Maß an Entscheidungsfreiheit, das sollten wir nicht unterschätzen.

Bleiben wir beim Geld. Um sich erfolgreich zu fühlen, muss die Leistung auch angemessen honoriert werden. Ich finde nicht, dass Geld allein glücklich macht, aber gerecht bezahlt zu werden ist ein Schritt zur Zufriedenheit. Ich habe früher wirklich geglaubt, es gäbe so eine Art Gehältergerechtigkeit. Also je nachdem, was jemand arbeitet, gäbe es ein angemessenes Gehalt. Ich war früher sehr naiv. Ich habe dazugelernt. In einer Redaktion bekamen die Frauen im Schnitt 500 Euro weniger als die Männer bei gleicher Arbeit. Ich war Betriebsrätin und fragte den Chefredakteur, warum das so wäre. Er grinste mich an und sagte: »Wenn Ihr euch so schlecht verkauft!« Ich ärgerte mich zwar, aber er hatte Recht. Warum sollte ein Arbeitgeber Frauen mehr Geld geben, als sie überhaupt verlangen?

Frauen und Geld ist ein interessantes Thema. Frage ich bei Seminarteilnehmern Werte ab, schafft es Geld bei Frauen meistens nicht unter die drei wichtigsten. Alles andere ist wichtiger: Sinn, Freude, Harmonie, Anerkennung, Kollegialität. Frauen ziehen ihren Selbstwert in der Regel weniger aus der Höhe ihres Gehalts als Männer. Die Aufgabe ist ihnen wichtiger, das, was sie leisten.

Ein sympathischer Zug. Mal abgesehen davon, dass Geldverdienen nicht nur Spaß macht, sondern den Lebensstandard sichert und die Höhe der späteren Rente bestimmt, sollten Sie auch daran denken, dass Geld eine Form der Anerkennung ist. Die Einstufung und damit die Höhe des Gehalts sagt etwas über den Status im Unternehmen oder bei Kunden über den Wert unserer Arbeit aus. Und das sollten wir nicht unterschätzen. Gute Arbeit soll gut bezahlt werden. Wer keinen Wert darauf legt, schmälert seinen Wert.

Und ich verrate es Ihnen ganz ehrlich: Nach vielen Jahren finanzieller Einschränkungen finde ich es einfach super, Business fliegen zu können statt Holzklasse, mir die Jacke kaufen zu können, die mir gefällt, Platz in einer großen Wohnung zu haben und ein Wochenende in einem schönen Wellnesshotel zu verbringen, wenn mir danach ist. Noch einmal, ich weiß, wie es ist, zu viert auf 68 Quadratmetern zu wohnen, einen Wochenendeinkauf mit 15 Euro in der Tasche zu planen. Aber eines weiß ich auch: Ich möchte nie wieder vor einem Bankautomaten stehen und kein Geld bekommen nach dem Motto: Sprechen Sie mit Ihrem Kundenbetreuer oder gleich mit einem Schuldnerberater. Vielleicht ist es wirklich so: Nur wer schlechte Zeiten kennt, kann für gute richtig dankbar sein.

Ein Fehler, den viele selbstständige Frauen machen – sie verlangen einfach zu wenig. Regina, 44, hat vor fünf Jahren den Malerbetrieb ihres Vaters übernommen. Immer wieder passiert es ihr, dass sie Pauschalangebote macht, bei denen sich hinterher herausstellt, dass sie damit keinen Gewinn macht. Oder sie sagt Kunden Zusatzleistungen zu, ohne einen Aufpreis zu verlangen. Das ist nicht nur ärgerlich, sondern fahrlässig. Sie gefährdet ihren ganzen Betrieb, die Arbeitsplätze von neun Mitarbeitern.

Sie kam aus der misslichen Lage heraus, indem sie eine ganz detaillierte Preisliste erstellte, die jetzt jedem Kunden zusammen mit dem Vertrag vorgelegt wird. Sie hat geübt, bei Sonderwünschen auf diese Liste zu verweisen: »Sie möchten eine abgesetzte andersfarbige Bordüre an den Wänden? Ja, das können wir zeitlich schaffen. Machen wir gern, der Aufpreis beträgt x Euro.« Was sie sich immer wieder verkneifen muss, sind Bemerkungen wie »Das kommt aber teurer …« oder »Sie wissen schon, dass das mehr kostet …« Die Selbstverständlichkeit des Aufpreises kommt bei den Kunden übrigens an. Jemand, der sich ein Auto bestellt und ein Navigationssystem dazu, erwartet auch nicht, dass er es geschenkt bekommt.

Allen selbstständigen Frauen, die Probleme damit haben, einen angemessenen Preis zu verlangen, rate ich, sich am Autokauf zu orientieren. Da gelten ganz nüchterne Zusammenhänge: Je größer der Wagen, desto höher der

Preis. Extrastarker Motor, höherer Preis. Wer Alufelgen möchte, muss dafür extra bezahlen. Geschenkt bekommt man beim Autokauf in der Regel nichts. Ein besonderes Zuckerl ist es hingegen, wenn man einem Kunden sagt: Wenn Sie dies kaufen, lege ich Ihnen das umsonst dazu. Aber das macht man gezielt aus Marketinggründen.

Alles hat seinen Preis – Extras erst recht!

Als ich mich 1999 selbstständig gemacht habe, dachte ich erst, ich müsste günstige Preise bieten, damit ich Aufträge bekomme. Aber um im Training aus der Amateurliga in die Champions League zu wechseln, muss auch der Wert stimmen. Ich merkte: Je teurer ich wurde, umso mehr Aufträge bekam ich. Und die spannenderen Aufträge dazu. Natürlich war das mit zahlreichen Investitionen verbunden: Bücher schreiben, sich einen Namen machen, etwas Besonderes bieten, auf sich aufmerksam machen.

Wenn Sie freiberuflich oder selbstständig sind: Vergleichen Sie Ihre Honorare oder Preise mit den Marktpreisen (nicht nur mit denen anderer Frauen, denn Sie können davon ausgehen, dass deren Preise unter dem Durchschnitt liegen). Ist nach oben noch Luft? Probieren Sie es behutsam aus. Wenn Sie drunter liegen: warum? Sind Sie schlechter als die anderen? Oder haben Sie sich bisher nur nicht getraut, sich am Markt zu orientieren? Dann wird es jetzt Zeit. Ihr Marktwert sagt etwas über Ihre Qualität und über Ihre Kunden. Wenn Ihnen Geld tatsächlich nicht wichtig ist: Denken Sie an Ihre Altersvorsorge, oder tun Sie Gutes damit.

Wenn Sie in der Wirtschaft angestellt sind: Wissen Sie, ob Sie unterdurchschnittlich, angemessen oder überdurchschnittlich bezahlt werden? Meine Erfahrung: Die meisten Frauen haben keine Ahnung, weil sie keinen Vergleich haben. Wann haben Sie das letzte Mal nach einer Gehaltserhöhung gefragt? Ist da etwas im Ungleichgewicht? Suchen Sie drei überzeugende Argumente, warum Sie eine Gehaltserhöhung verdienen (wenn Sie keine finden, lassen Sie es). Machen Sie einen Termin mit Ihrem Vorgesetzten. Argumentieren Sie souverän, und erläutern Sie Ihre Vorstellungen. Natürlich gibt es keine Garantie, dass Ihren Vorstellungen gefolgt wird. Aber sich rühren ist besser, als sich nicht zu rühren. Männliche Vorgesetzte erzählen mir immer wieder unter vier Augen, dass sie sich wundern, wie bescheiden Frauen sind. Frauen müssen nicht plötzlich zu Geldgeiern werden, aber aufholen ist nur gerecht.

Vor allem im öffentlichen Dienst ist das Gehalt festgelegt, und Sie können an der Höhe nichts ändern (aber selbst dort geht man nach und nach zur leistungsgerechten Zahlung über). Vielleicht können Sie trotzdem erreichen, dass Sie höher eingestuft werden oder Zuschläge bekommen. Vielleicht können Sie nachweisen, dass Sie zusätzliche Aufgaben erfüllen. Reden Sie mit Ihren Vorgesetzten oder der Personalstelle. Manchmal geht halt nichts, aber wissen, was drin wäre, sollten wir auf jeden Fall. Fragen Sie doch mal einen wohlgesonnenen Kollegen, welche Erfahrungen er gemacht hat. Frauen wundern sich oft, was alles möglich ist, was nicht offiziell verkündet wird.

Und wenn Sie zu Hause sind und ein »kleines erfolgreiches Familienunternehmen« führen? Dann verzichten Sie auf Geld, was die Anerkennung Ihres neuen Jobs auch nicht gerade steigert. Keine Frage. Was sehr hilft, Bitterkeit gar nicht erst entstehen zu lassen: Machen Sie nicht die anderen dafür verantwortlich. Es war Ihre Entscheidung, das Kind/die Kinder zu bekommen, obwohl Sie wussten, welchen »Preis« Sie dafür bezahlen. Sie verzichten auf Geld, berufliches Weiterkommen, vielleicht Karriere, aber bitte listen Sie einmal auf, was Sie – neben all dem anfallenden Stress – dafür bekommen: die wunderbaren Stunden mit Ihren Kindern, Wärme, Freude, Lachen, Lernen, eigene Reifung. Wenn Sie mit der Situation nicht zufrieden sind, überlegen Sie sich eine andere Lösung – wieder anfangen zu arbeiten, Kinder zu einer Tagesmutter oder Krippe, zur Oma … Wenn diese Lösung besser ist, versuchen Sie diese zu verwirklichen. Keine Kinder haben zu wollen ist für mich als zweifache Mutter nie eine Alternative gewesen.

Ich war als Journalistin viele Jahre lang Leiterin eines Ressorts mit dem Namen »Karriere«, und da ging es vor allem um den Grundsatz »Make money, make more money« (und sieh dabei noch gut aus). Heute halte ich »Erfolg« für den wesentlich treffenderen, ja bunteren Begriff als Karriere. Karriere heißt schließlich nichts anderes, als sich in einer Hierarchie nach oben zu arbeiten. Aber es gibt nicht nur ein Oben, es gibt auch ein Neben. Erfolg kann die berufliche Laufbahn bedeuten, eine Menge Geld zu verdienen, aber eben auch wesentlich mehr. Er umfasst einen strahlenden Strauß von attraktiven unterschiedlichen Lebensentwürfen. Ein paar Beispiele:

Ich habe Erfolg, auch ohne Karriere zu machen.

Beate, 34, ist Erzieherin mit Leib und Seele. Sie liebt die Arbeit mit den Kindern, ist kreativ und die Geduld in Person. Beate ist erfolgreich.

Monika hat sich mit 41 selbstständig gemacht. In ihrer Werbeagentur arbeiten zwei feste und fünf freie Mitarbeiter/innen. Sie hat zahlreiche Finnen aus der Region als Kunden. Monika ist erfolgreich.

Vera, 29, Sachbearbeiterin, arbeitet seit einem Jahr nur noch drei Tage die Woche, um sich auch um ihren Sohn Timo kümmern zu können. Sie ist glücklich über diese Lösung. Vera ist erfolgreich.

Susanne, 37, ist Vertriebschefin eines amerikanischen Konzerns in Deutschland. Sie hat 70 Mitarbeiter/innen, arbeitet meist 60 Stunden in der Woche, verdient rund 200 000 Euro brutto im Jahr. Susanne ist erfolgreich.

Veronika, 33, ist Industriekauffrau, war zehn Jahre in einem Unternehmen beschäftigt, zur Zeit managt sie ihre Familie, kümmert sich um die beiden Kinder, den Haushalt. Sie ist erfolgreich.

Barbara, 54, arbeitet als freiberufliche Trainerin für Konfliktmanagement. Sie hat mehrere große Unternehmen als Kunden und wird zirka 120 Tage im Jahr gebucht. Barbara ist erfolgreich.

Sybille, 31, arbeitet als Sekretärin, organisiert ihren Chef und die ganze Abteilung, ist Kommunikationsdrehscheibe und Organisationstalent. Sybille ist erfolgreich.

Ingrid, 58, hat vor zehn Jahren, nach der Kinderpause, als Regaleinräumerin in einem Supermarkt angefangen. Inzwischen ist sie verantwortlich für den ganzen Non-Food-Bereich. Ingrid ist erfolgreich.

Was bedeutet also Erfolg? Zielerreichung, Zufriedenheit, Sinn, Spaß. Oder wie es mal jemand ausgedrückt hat: Erfolg ist das, was meistens auf harte Arbeit folgt. Was Erfolg immer ausmacht: die eigene Definition. Was für die eine der Durchmarsch bis in die höchste Führungsebene bedeutet, ist für die andere die gelebte Work-Life-Balance. Während die eine gern in einem Team arbeitet, möchte die andere möglichst viel Freiheit. Die eine möchte große Entscheidungsspielräume, die andere klare Ansagen. Die eine liebt ihre Arbeit, die andere ihren Mann, die dritte ihre Kinder und die vierte alles zusammen. So viele Leben, so viele Erfolgsbeispiele gibt es.

Bei allem Bemühen um eine angemessene Bezahlung gibt es eben mehr, um glücklich zu sein. Die Reduzierung auf das Erfolgsraster: »Think and get rich«[2] ist zu einseitig. Es ist vor allem auf die drei »S-Werte« konzentriert: Salär, Stress und Status. Sprich: Als erfolgreich gilt, wer richtig viel Geld verdient, richtig viel Stress hat und richtig viele Statussymbole aufweisen kann. Sie erinnern sich vielleicht noch an den Werbespot, in dem sich zwei Männer gegenübersitzen, und der eine legt Fotos auf den Tisch: »Mein Haus, mein Auto, mein Boot …«

Das Wort Glück kam in diesem Zusammenhang leider lange nicht mehr vor. Es war unter die Räder gekommen. Der Zeitgeist wehte vorwiegend materiell. Wenn man in der Internet-Enzyklopädie Wikipedia nachschaut, findet man folgende Ursprungs-Definition von Erfolg: »Erfolg ist ein als positiv empfundenes Resultat eigenen Handelns.«

Als ich als Redakteurin eine Vier-Tage-Woche verhandelte, war das für mich Erfolg. Der »geschenkte« freie Tag war übrigens nicht nur Familientag, er war die Keimzelle für meine spätere berufliche Veränderung. Also ein doppelter Erfolg. Was machte es, dass meine Vorgesetzten dies damals anders sahen?

Es wird Zeit, dass unsere Gesellschaft aus dem starren »Profit-gleich-Erfolg«-Denken wieder herauskommt. Und dazu können Frauen einiges beitragen. Indem sie nämlich stolz auf ihre ganzheitlichen Erfolge sind und sie als gleichberechtigt neben die anderen stellen. Sie können zeigen, dass unterschiedliche Lebensphasen unterschiedliche Arbeitsmodelle brauchen. Lassen Sie uns den Erfolgsbegriff erweitern:

- Beruf und Privatleben in Balance zu bringen ist nicht Doppelbelastung, wie es uns oft eingeredet wird, es ist Erfolg!
- Nach schweren Zeiten sich wieder hochzurappeln ist Erfolg.
- Die erste Akademikerin in einer Familie zu sein ist Erfolg.
- Zeit für mich zu haben ist Erfolg.
- 25 Schulanfängern das Lesen beizubringen ist Erfolg.
- Aus wenig Chancen das Beste zu erreichen ist Erfolg.
- Einen Garten in ein blühendes Paradies zu verwandeln ist Erfolg.
- Sich mit einem Ein-Frau-Betrieb selbstständig zu machen ist Erfolg.

- Alten oder kranken Menschen das Leben erträglicher zu machen ist Erfolg.
- In Zeiten der Arbeitslosigkeit nicht den Mut zu verlieren ist Erfolg.
- Als Erste in einer Akademikerfamilie nicht zu studieren und den Beruf zu ergreifen, der einem wirklich Spaß macht, ist Erfolg.
- Einem behinderten Kind alle nur möglichen Chancen zu verschaffen ist Erfolg.
- Mit dem zufrieden zu sein, was man erreicht hat, ist Erfolg.
- Gut bezahlt zu werden ist Erfolg.
- Auf dem zweiten Bildungsweg seinen Abschluss nachzumachen ist Erfolg.
- Unglücklichsein zu erkennen und etwas zu verändern ist Erfolg.
- Sich selbst zu motivieren, auch wenn vieles uns demotiviert, ist Erfolg.
- Aus dem, was geht, das Beste zu machen ist Erfolg.

Ich weiß nicht, wie es Ihnen dabei geht, aber ich bekomme bei diesen Sätzen eine Gänsehaut. Mir wird gerade klar: Wir werden die Menschlichkeit wieder in den Erfolgsbegriff integrieren. Erfolgreich ist nicht, wer den Profit eines Unternehmens steigert, indem er Tausende von Angestellten entlässt. Sondern die, die Arbeitsplätze schaffen! Erfolgreich ist nicht der, der das größte, teuerste Auto fährt, sondern die, die ihre Verantwortung für die Zukunft der nächsten Generationen übernehmen. Schluss mit der Gier. Menschen brauchen wieder Werte.

Die Erfolgsfrage der Zukunft: Was dient dem Menschen?

In meinen Seminaren erlebe ich eine wachsende Sehnsucht nach Sinn im beruflichen Tun. Das Höher, Schneller, Weiter ist ausgereizt. Mehr als zehn Stunden kann niemand arbeiten. Und viele Frauen und Männer wollen das auch nicht mehr. Geld ist die Grundlage der Existenz, aber vielen reicht es nicht mehr als alleinige Motivation. »Da muss es noch etwas anderes geben« ist das Gefühl. Viele, die nicht arm sind, fühlen sich innerlich arm. Wir brauchen neben der materiellen Absicherung auch einen Reichtum für die Seele.

Und ehrlich: Ich bin es leid, dass Menschen die Doofen sind, wenn sie sich für andere einsetzen, an der Sache orientiert sind und nicht ständig an ihrer Karriereplanung arbeiten. Ich wünsche mir, dass Erfolg die Folge selbstbewussten und selbstverantwortlichen Handelns ist. Und dass die Menschen, die diese Verantwortung übernehmen, sich erfolgreich fühlen!

»Ich darf erfolgreich sein« bedeutet deshalb vor allem, die Handelnde in meinem Leben zu werden. Oder wie es eine Seminarteilnehmerin in Österreich neulich formulierte: »Ich will die Königin in meiner Welt sein.« Und das bedeutet: Die Meilensteine auf meinem Weg selbst zu setzen. Das Ziel selbst zu bestimmen und die Fahrt dorthin. Ich bestimme das Risiko, das ich bereit bin zu tragen. Mein inneres Statussymbol ist Zufriedenheit, mein äußeres, dass ich ein freundlicher, verträglicher, großzügiger, unterstützender Mensch bin.

Vielleicht kennen Sie den Spruch »Ich bin nicht auf der Welt, um so zu sein, wie andere mich haben wollen.« Es heißt, sich von den Erwartungen anderer zu lösen, meine eigenen Maßstäbe zu setzen. Das bedeutet auch, innere Handbremsen zu erkennen und zu lösen: Was hindert mich daran, meinen Weg zu gehen? Welche Normen, welche Glaubenssätze, welche kleinmütigen Gedanken? Wovor habe ich Angst? Und auch: Wer versucht, mich zu bremsen?

Ich löse meine inneren Handbremsen!

Ich habe in meinem Leben erfahren: Wenn wir mehr erreichen wollen, dann müssen wir den Hut mit unseren Ansprüchen an die Welt ein Stück vorauswerfen, um unser Ziel zu markieren. Das bringt dann den Impuls, mutig nach vorne zu schreiten.

Ich empfehle meinen Klientinnen gerne, einmal einen

»unersättlichen« Anspruch ans Leben zu formulieren. Unabhängig von Zweifeln und Selbstbescheidenheit, von »Das tut man nicht« und »Was sollen denn die Nachbarn sagen«: Benennen Sie das Maximum der Möglichkeiten. Wenigstens einmal aussprechen, wenigstens einmal aufschreiben. Und dann schauen, was sich realistisch, aber mutig umsetzen lässt. »Sei wild und unersättlich – jetzt« steht auf der Postkarte mit einem Foto von Bette Midler, die seit Jahren in meiner Küche hängt. Jaaa!

3.

Ich darf älter werden

Nie werde ich diesen Tag vergessen: Nach einem Vortrag in Wien war ich auf der Rückreise nach München. Die beiden Sitze neben mir waren noch frei. Eine Mutter mit ihrem kleinen Sohn kam herein, ich hörte den Jungen sagen: »Ich will aber nicht neben der alten Frau sitzen.« Automatisch sah ich mich um, um zu sehen, welche Alte er meinte. Bis mich die Erkenntnis wie ein Blitz traf: Er meinte mich. Was für ein Schock! Ich war Anfang 50, hatte mich aber noch nicht einen Tag alt gefühlt. An diesem Tag ging die Unschuld verloren.

Auch wenn ich heute darüber lachen kann, das Staunen bleibt. Ich – alt? Geht gar nicht. Ich war doch gerade noch 30, das war doch gestern. Als ich ein Kind war, da waren alte Frauen 80, trugen Kittelschürzen und Kopftücher, pusselten in ihrem Garten herum, fegten den Gehweg und hielten sich ab und zu stöhnend die Hände ins Kreuz.

Ich habe ein bisschen gebraucht, um anzuerkennen, dass ich tatsächlich älter werde. Natürlich bin ich nicht uralt (für ein vierjähriges Kind vielleicht). Aber ich bin eben auch kein »heuriger Has« mehr, wie man das in Bayern nennt. Gerade las ich in einem Interview[3] mit der Schauspielerin Hannelore Elsner den schönen Satz: »Ohne kokett wirken zu wollen, muss ich erst einmal feststellen, dass ich noch nicht wirklich alt bin. Wie sagt man im Buddhismus so schön: Bis 60 ist man jung, dann wird man älter. Midlife-Crisis oder Ähnliches kennt man in dieser Religionsform nicht.«

In unserer Gesellschaft leiden wir unter den Auswirkungen des Jugendkults, den wir in den letzten zehn Jahren erlebt haben: Jung sein ist das Motto, jung bleiben die Ansage, jung aussehen der Zwang. Kosmetikerinnen konnten Frauen um die 30 mit dem Hinweis auf die Creme für die reifere Haut in die Krise stürzen. Und »Botox to go« wurde der Renner. Als ich neulich im Wartezimmer einer Hautärztin saß, waren die Tische voller Werbematerialien für kosmetische Chirurgie aller Art, Anti-Aging, wie es neudeutsch heißt. Weg mit den Zeichen des Älterwerdens, Hängebacken und Hängebusen, Stirnfalten und hängenden Mundwinkeln. Das alles kann man ausmerzen, versprachen die Hochglanzprospekte, denn alt ist out. Eine gute Idee las ich übrigens neulich in einem Interview mit der Professorin und früheren Ministerin Dr. Ursula Lehr: Sie plädierte dafür, die Produkte »Pro-Aging« zu nennen, um die Angst vorm Älterwerden nicht weiter zu schüren. Wenn schon ...

Alt ist out? Wer bestimmt das?

Im Überschwang des neuen Millenniums wurde Alter in vielen Unternehmen zum Karrierekiller (übrigens auch für Männer). Der Jugendwahn wurde überall spürbar: In Vorzimmern und Chefzimmern, bei Fachleuten und Spezialisten, in Vorständen und Aufsichtsräten – die Jungen marschierten durch; wurden mit 28 Geschäftsführer und mit 35 Aufsichtsrat. Erfahrung galt plötzlich nichts mehr. Den »Alten« legte man nahe, sich doch einfach einen schönen Vorruhestand zu machen, und zwar Menschen, die gerade mal die 50 überschritten hatten. Erst ganz langsam merken wir, was wir mit dem Abgang der Älteren verloren haben, an Wissen, an Erfahrung, an Lebenssicht. Und die demografische Entwicklung legt es einfach zwingend nah, das Alter wieder zu schätzen – wir über 50-Jährigen werden nämlich bald in der absoluten Mehrheit sein. Und wer soll denn dann die Arbeit machen und Renten zahlen?

Ich erinnere mich an erste Vorstufen dieses neuen Gefühls, nicht mehr ganz jung zu sein: Als mich die Studenten in der Journalistenschule, in der ich Kurse gab, siezten, als ich, selbst Ende 30, sie duzte. Oder: die Dankesworte einer Chefredakteurin an mich als Herausgeberin ihrer Zeitschrift, dass ich als Ältere ihr und ihren Kollegen mit meiner großen Erfahrung geholfen hätte (ich hatte nie einen großen Unterschied zwischen uns gesehen – das waren doch bloß zehn, na ja vielleicht 15 Jahre).

Dies soll kein Trostkapitel werden, nach dem Motto »Ja nun, wir alle werden schließlich älter«, sondern eine aktive Beschäftigung damit, was es heißt, älter zu werden. Ich möchte Ihnen zeigen, warum es eine große Freiheit für Frauen bedeuten kann, gelassen älter zu werden. Die Erlaubnis dazu heißt: Ich darf mich so alt oder jung fühlen, wie ich will. Es gibt kein »Dafür bin ich zu alt«. Aber ich muss mich auch nicht auf Teufel heraus auf jung trimmen. Beim Wetter spricht man von »gefühlter Kälte«, ich rede vom »gefühlten Alter«. Es geht nicht um keine Falten oder viele Falten, es geht um den Weg von der »Einfalt zur Vielfalt«.

Ich lebe mein »gefühltes Alter«.

Neulich fragte ich in einem Seminar eine hübsche junge Frau, wie alt sie sei. Sie zog eine Schnute und sagte: »29«. Ich fragte, was die Mimik bedeute? Sie: »Ich find das blöd, dass ich bald 30 werde. Ich möchte nicht älter werden. Älter werden ist schrecklich.« Die anderen Teilnehmerinnen, alle zwischen 35 und 55, sahen sich an und verzogen jetzt ebenfalls das Gesicht. Na vielen Dank auch. Die nächsten zehn Minuten versuchten wir, die junge Kollegin zu überzeugen, wie toll es sei, älter zu werden. Interessant war unser missionarischer Eifer, den wir dabei entwickelten. Eine Auswahl unserer Argumente:

- Du bist viel selbstsicherer
- gelassener
- wirst freier
- musst nicht mehr alles haben
- vieles kann dich nicht mehr schrecken
- hast genügend Erfahrung
- findest deinen eigenen Stil
- die Haut wird schöner, keine Pickel mehr
- bekommst mehr Respekt
- weißt, was du willst
- und was du nicht willst
- hast viel erreicht
- genießt das Leben mehr
- weniger Hektik ist angesagt.

Und jetzt mal ehrlich bleiben – was ist nicht so toll daran, älter zu werden? Auch da sammelten wir einige Punkte:

- die Knochen tun öfter weh
- Altersflecken tauchen auf
- du wirst vorsichtiger
- scheust Risiken
- hast viele Verpflichtungen
- am Kinn wachsen plötzlich schwarze Haare
- du wirst von Männern übersehen
- hast nicht mehr so viel Kraft
- bist nicht mehr so neugierig
- die Wechseljahre machen zu schaffen
- du brauchst nach einer durchfeierten Nacht wesentlich länger zum Regenerieren als früher
- bist furchtbar abgeklärt
- bekommst Falten
- die Begeisterungsfähigkeit lässt nach
- die Haare werden dünner und grau
- es fehlen die Schmetterlinge im Bauch
- du magst möglichst in deinem eigenen Bett schlafen
- der Bauch wird schlaff
- du wirst schneller müde
- Krampfadern und Besenreiser plagen dich.

Die junge Kollegin wurde grün im Gesicht. Ich versuchte, die Teilnehmerinnen gedanklich aus dem dunklen Tann wieder in einen hellen Birkenwald zurückzuführen. Wir einigten uns: Es wäre vordergründig vielleicht sogar klasse, »forever young« zu sein (die Sehnsucht nach Unsterblichkeit zieht sich durch die gesamte Weltliteratur). Aber da das nicht geht, wollen wir jedes Alter genießen.

Es gibt einen Spruch, der besagt: »Lebe so, als wenn dieser Tag dein letzter wäre.« Ich finde dieses Bild ein bisschen schief, denn wenn dies mein letzter Tag wäre, würde ich nicht ausgerechnet allein eine fünfstündige Zugfahrt nach Klagenfurt machen wollen (während der ich diese Absätze schreibe). Aber ein bisschen variiert kann ich mich mit dem Spruch sehr gut anfreunden: »Lebe so, dass dieser Tag dein letzter sein könnte.« Und dann wäre Klagenfurt absolut okay. Denn ich möchte dort arbeiten, Zugfahren ist prima und Buchschreiben eine wunderbare Beschäftigung.

Für mich bedeutet der abgewandelte Spruch: Es gibt keine »wennste, hättste, wärste«, also kein Bedauern über ungelebtes Leben, über Fehlentscheidungen, die ich getroffen habe, über Umwege, die ich nehmen musste. Ich mache das, was ich machen will; ich tue das, wozu ich mich verpflichtet fühle; ich erfülle mir, was ich mir wünsche; ich lebe mein Leben, kein Ersatzleben. Dazu gehört für mich das Annehmen der Tatsache, dass das Leben mit dem Tod endet. Und ich mag einen Satz von Bernd Ulrich Hohmann, der nicht ganz leicht zu verstehen und zu verdauen ist: »Dass der Tod uns lebendig finde – und das Leben uns nicht tot.« Der aber, wenn man ihn annimmt, für ein fröhliches Leben spricht.

Die Angst vorm Älterwerden hat viel mit der Angst

vor dem Tod zu tun. Und hält uns leider viel zu oft vom Leben ab. Indem wir auf das Ende starren, erstarren wir im Leben. Wer das Älterwerden nicht annehmen kann, nimmt sein Leben nicht an. Es klingt so endgültig und stimmt doch: Es gibt kein Leben ohne Tod. Und wenn wir noch so viel tun, um 120 zu werden. Interessant, wie der russische Schriftsteller Vladimir Nabokov[4] sich Leben und Tod erklärt: »Ich stelle mir mein Leben als einen strahlenden Funken zwischen zwei ungeheuren und identischen schwarzen Löchern vor; der Dunkelheit, die vor meiner Geburt existierte, und der Dunkelheit, die nach meinem Tod folgt.« Der amerikanische Psychiater Irvin D. Yalom schreibt dazu: »Erstaunt es nicht, wie sehr wir uns vor der späteren Dunkelheit fürchten und wie gleichgültig wir der ersten gegenüberstehen?«[5]

Für mich ist die Absehbarkeit meines Lebens ein Ansporn zur Intensität. Seit ich keine Angst mehr vor dem Tod habe, kann ich aus der Fülle leben. Als vor einiger Zeit mein geliebter Bruder an Krebs erkrankte und nach zweijährigem Kampf starb, gab er mir eine Lektion mit: »Ich weiß, dass ich sterben werde, und deshalb genieße ich jeden Tag.« Ich habe diesen Satz für mich übersetzt: »Ich weiß, dass ich eines Tages sterben werde, und deshalb nehme ich mir vor, jeden Tag zu genießen.« Ich möchte nicht erst krank werden müssen, um das zu kapieren. Wir alle stehen vor dem Tod, auch wenn wir nicht täglich daran denken (und das ist gut so).

Ohne Angst vor dem Tod lebe ich die Fülle.

Ich beobachte immer wieder Menschen, die leben, als hätten sie ein Zweitleben: Dann werden sie glücklich sein; dann werden sie tun, was sie möchten; dann werden sie sagen, was sie wollen; dann werden sie zu Handelnden. Dann, dann, dann – wann? Bitte, liebe Freundin: Jede Minute, die du vor dem Spiegel stehst und dich über eine neue Falte, einen Altersfleck oder einen schlaffen Muskel grämst, geht von deinem Leben ab. Verschleudere die Minuten nicht.

Die wunderbare Anita Roddick, Gründerin der »Bodyshop«-Geschäfte, hat mir einmal erzählt, wie sie sich mit ihren Falten versöhnt hat: »Jede Falte erzählt mir eine Geschichte. Diese hier erzählt von den durchwachten Nächten am Bett meiner Kinder, diese hier erzählt von dem Konflikt mit meiner Mutter. Diese hier steht für unerfüllte Wünsche und diese für einen Gram, den ich hatte.«

Ich habe für mich beschlossen, Veränderungen und die Macht der Schwerkraft anzunehmen: Falten sind der Fingerabdruck meines Lebens. Keine Bestrafung, keine Zumutung, keine Entstellung. Falten geben mir aber auch wichtige Hinweise: Die Lachfalten um meine Augen sagen mir: Jawohl, du hattest und hast ein fröhliches Leben. Bemerke ich, wie die Falten auf meiner Stirn sich vertiefen, gibt mir das den Hinweis: Du passt nicht auf dich auf, du nimmst alles zu ernst oder übernimmst dich. Und ich habe festgestellt, wenn ich wieder mehr Leichtigkeit in mein Leben bringe, verringern sich auch die »Denkerfalten«, ganz ohne Spritzen.

Falten sind der Fingerabdruck meines Lebens.

Zur Klarstellung: Eine Frau, die sich Falten wegmachen lassen möchte, soll es tun. Ich lasse auch alt gewordene Zähne überkronen. Sie sollte dabei nur aufpassen, dass sie sich nicht entstellen lässt, nicht ihre Lebendigkeit verliert, nicht zur Maske erstarrt. Und immer wieder überlegen: Was ist der Preis dafür? Fühle ich mich hinterher wirklich besser?

Wenn ich Frauen coache, die sogenannte »Magenfalten« um den Mund haben, versuche ich herauszufinden, was sie so bitter gemacht hat, und mit ihnen Lösungen zu finden, wie sie ihre Lebensfreude erhöhen können. Wer nichts mehr zu lachen hat, muss etwas an seiner Situation ändern, nicht an den Falten. Und je früher wir anfangen, die Ursachen zu entschärfen, umso leichter ist es, die Spuren zu mildern.

Der Mensch strahlt von innen nach außen. Deshalb halte ich es für falsch, nur am Äußeren zu polieren und das Innere zu vernachlässigen. So viele Schichten »Rauverputz« können wir gar nicht auflegen, um unsere Laune zu heben. Die Falten auf der Seele sind viel, viel wichtiger. Und an ihnen kann ich tatsächlich etwas tun.

Ich kann die Symptome deuten: Was bedrückt mich, was knickt mich, was kränkt mich? Und: Was wünsche ich mir, was erlaube ich mir, was gönne ich mir? Die ungelebten Wünsche machen alt, nicht die erfüllten. Das Ungesagte schwächt uns, nicht die Auseinandersetzung. Die Bescheidenheit drückt uns zu Boden, nicht der Anspruch. Das Übelnehmen nimmt uns die Strahlkraft, nicht das Klärende.

Die ungelebten Wünsche machen alt, nicht die erfüllten.

Solche Erkenntnisse gibt es nicht umsonst. Der Preis dafür ist ein bewegtes und bewusst gelebtes Leben, mit Höhen und Tiefen, Schmerz und Freude, Erkennen und Bewältigen. Und dieses Leben zeichnet eben seine Spuren: ins Gesicht, ins Haar, in die Knochen. Es zwingt uns, manchmal etwas Geschwindigkeit aus dem Leben zu nehmen. Auf unseren Körper zu hören. Nicht immer mit den Jungen um die Wette zu laufen.

In den Wechseljahren wendet sich der Blick immer wieder mal nach innen. Was geht in mir vor, was verändert sich? Manches macht Angst, manches führt zum

Schweißausbruch. Die Schweizer Therapeutin und Autorin Julia Onken[6] beschreibt in ihren Büchern sehr eindringlich die auftretenden Veränderungen und die Verwirrung, die sie auslösen. Nach meiner Erfahrung (ich stecke selbst gerade mittendrin) ist es unheimlich entlastend zu lesen, was man auch schon hinter der verschlossenen Badezimmertür mit Entsetzen festgestellt hat. Julia Onken vertritt übrigens die interessante These, dass in den Wechseljahren die Frau neben ihrem weiblichen Anteil ihren männlichen ausbaut (manchmal eben leider verbunden mit einem Damenbart) und erst dadurch vollkommen wird.

Ich kann Ihnen nur raten, lesen Sie Bücher über diese Umbruchzeit, reden Sie mit anderen Frauen darüber, und lassen Sie sich helfen, wenn sich ein dunkles Loch auftut. Sie müssen da nicht alleine durch. Aber lassen Sie sich auch um Gottes willen nicht einreden, dass Sie nun keine »richtige« Frau mehr sind. Ich kenne Frauen, bei denen der Spaß nach der Menopause erst richtig losging.

Wobei ich durchaus feststelle, dass die Jugend einen neuen Reiz bekommt, wenn man sich von ihr entfernt: Seit ich selbst den Rubikon der magischen 50 überschritten habe, verstehe ich gleichaltrige Männer besser, die sich zu jüngeren Frauen hingezogen fühlen. Ich stelle auch fest, dass ich mich mit jüngeren Männern oft besser verstehe, besser reden kann, in Musik und Kultur näher bin (Ich schließe übrigens daraus, dass mein gefühltes

Alter etwa 38 ist). Das einzig Ungerechte am Älterwerden als Frau: Ein 50-jähriger Mann kann noch eine junge Frau finden, die sich Kinder wünscht und eine (Zweit)Familie mit ihm gründet. Eine Frau über 40 fällt leider aus dem Beuteschema eines Mittdreißigers mit Familienwunsch heraus.

Ansonsten gibt es nichts, was wir uns im »reifen Alter« von 40, 50, 60 oder 70 nicht erlauben könnten: Wir können albern sein und große Ziele haben, wir können auf Berge steigen und die Welt umsegeln. Wir können beruflich noch einmal richtig durchstarten und unseren Freundeskreis neu sortieren. Wir können schrullig werden, wenn wir wollen, oder ganz klar wissen, was wir wollen. Wir können uns anziehen, wie wir wollen, essen und trinken, was uns schmeckt. Das »Aus-der-Wahrnehmung-der-anderen-Fallen« hat nämlich einen sehr positiven Nebeneffekt: Der Grad der Freiheit wird größer.

Das merke ich auch in meinem Beruf. Der Umgang mit Männern wird selbstverständlicher, wärmer, freundlicher. Ich kann mit ihnen auf einer ganz neuen, selbstverständlichen Basis reden. Ich denke nicht mehr, wie vielleicht noch als 27-Jährige, ständig darüber nach, wie ich stehe, wie ich wirke, ob meine Haare richtig sitzen, ob ich auch brav meinen Bauch einziehe, wie meine Worte ankommen. Und ich muss nicht mehr, wie als 37-Jährige, mit zwei Schwertern in den Händen herumlaufen, um mich durchzusetzen, um Recht zu haben, um gegen

Männer zu gewinnen. Ich rede heute einfach von Mensch zu Mensch mit ihnen, traue mich, ein bisschen zu flirten, sie ein bisschen zu necken, habe Verständnis, kann zuhören und meine Meinung sagen.

Diese Freiheit kommt bei anderen Frauen von ganz unterschiedlichen Seiten. Marie-Louise, 49, arbeitet als Altenpflegerin, ihr Mann ist Beamter. Ein ruhiges, zufriedenes Leben auf dem Land. Neulich waren sie auf einer großen Familienfeier, die in einem Hotel stattfand. Marie-Louise saß, kurz nach Mitternacht, mit drei Cousinen zusammen. Alle vier hatten einen Mordsspaß, erzählten sich Geschichten, lachten Tränen. Da kam Marie-Louises Mann an den Tisch und sagte: »Gehen wir.« Marie-Louise nahm all ihren Mut zusammen und sagte: »Geh du ruhig schon, ich komme nach. Lass den Schlüssel von außen stecken.« Das erste Mal in ihrem ganzen Leben sprang sie nicht auf und verließ eine Feier, nur weil er müde war. Ihr Mann schaute etwas verblüfft, aber er ging. Die Cousinen staunten.

Dann kamen nach und nach die anderen Männer, die an der Theke gestanden hatten, und wollten ihre Frauen abholen. Und eine nach der anderen wiederholte Marie-Louises Spruch: »Geh du schon mal, ich komme nach. Lass den Schlüssel von außen stecken.« Es funktionierte, die Männer gingen ins Bett, die Frauen saßen noch über eine Stunde zusammen und hatten Spaß.

Jüngere Frauen denken jetzt vielleicht, na und, was ist

daran so erwähnenswert? Es ist etwas Besonderes, weil in dieser Familie immer Rücksicht auf die Wünsche der Männer genommen wurde, und die Frauen sich fügten. An diesem Abend erlebten sie eine neue Freiheit. Nichts Revolutionäres, nichts Weltumstürzendes, nichts Männermordendes, aber ein kleiner Schritt in eine neue Selbstverständlichkeit. Und das mit plus minus 50. Älter werden ist etwas so Wunderbares.

Ich finde Älterwerden etwas so Wunderbares.

Es gibt dir die Freiheit, anders zu sein als früher, andere Vorlieben zu haben, einen anderen Rhythmus zu finden. Vor einigen Jahren habe ich erstmals drei Wochen Urlaub in der Schwäbischen Alb gemacht. Ich musste feststellen, dass diese Gegend auf der Urlaubs-Angeber-Skala bei minus 100 steht. »Warst du in Kur?«, wurde ich gefragt, oder »Radeln, Trekking, Fastenwanderung?« Nein, ich war dort einfach in Urlaub. Ganz allein. Ich bin spazieren gegangen und habe im Schatten großer Bäume gesessen, ich bin geschwommen und habe gelesen. Zwischendrin habe ich mit netten Menschen Kaffee getrunken. Mehr nicht. Und es war herrlich. Das Beste daran: Ich hatte nie das Gefühl, irgendetwas zu versäumen. Sie haben Mitleid mit mir? Brauchen Sie nicht. Ich war schon in vielen Ländern im Urlaub. Aber diesmal war es eben die Schwäbische Alb. Sie beneiden mich? Auf geht's, es ist nicht weit.

Wenn wir Glück haben und uns bewusst werden, was wirklich wichtig ist im Leben, dann ist es nicht mehr von Bedeutung, was die anderen denken, was »man« halt so machen müsste. Dann zählen unser Gefühl und unser wacher Verstand, die uns sagen, was uns wirklich guttut. Bewusst älter werden bedeutet: Finde einen Weg von einem von außen geleiteten Leben zu einem von innen geführten. Viele Dinge, die mit 30 oder 40 noch wahnsinnig wichtig waren, werden unwichtig. Das gilt auch für alle Statusfragen unserer Zeit: Welches Auto fährst du? Von welchem Hersteller ist deine Kaffeemaschine? Und zu welchem Friseur gehst du? Mein Gott, wen interessiert das? Materielles spielt nicht mehr die maßgebliche Rolle, wenn wir uns nicht mehr darüber definieren. Dafür gewinnen wir ein hohes Maß an Freiheit.

Wenn wir uns aus Gesellschaftsnormen befreien, entwickeln wir unsere eigene Kultur. Wir werden unsere eigene Lebensdesignerin. Wir schätzen Dinge um ihrer selbst willen, weil sie unser Herz freuen, weil sie unsere Sinne anregen, weil sie Lust machen. Wir merken vielleicht auch, dass uns manche Dinge nicht mehr reizen. Weil wir sie nicht zur Statuserhöhung brauchen. Wer sich nicht über das Äußere definiert, muss nicht nach Äußerem streben. Wer den inneren Reichtum pflegt, ändert seine Wahrnehmung und wird durch andere Dinge froh.

Ich will hier nicht die Entsagung predigen. Bestimmt nicht. Aber es ist sehr spannend, an mir selbst zu beobachten, wie Wichtigkeiten sich ändern. Vor zehn Jahren war einer meiner größten Wünsche, einmal einen Jaguar zu besitzen (das Auto, nicht das Tier). Heute denke ich mir, wozu brauche ich einen Jaguar? Was würde dieses Auto für mein Wohlbefinden beitragen? Wäre ich glücklicher? Ich habe entschieden, nein, wäre ich nicht.

Heute geht es mir mehr und mehr um erhaltenswerte Dinge: dass ich meine Freundschaften pflege, dass ich Zeit für Schönes habe, dass ich meinem Leben Qualität gebe. Ich möchte mich mit klugen Menschen austauschen und jungen Menschen zur Seite stehen. Ich möchte in meiner engsten Umgebung wohltuend wirken. Und ich möchte anderen helfen, ihr »Eigenes« zu finden. Ich möchte durch das Herbstlaub rascheln und auf einen See blicken, die Sonne auf meinem Rücken spüren und Lust erleben. Und zwar unabhängig davon, ob es »in« ist oder nicht.

Ich gebe meinem Leben Qualität.

Ich möchte Sie ermutigen, zu Ihren Werten zu stehen. Sich den Mann zu suchen, der Ihnen gefällt, selbst wenn er im Status-Screening Ihrer Freundinnen durchfällt: »Was, er ist nur Sachbearbeiter?« Oder sich dazu zu bekennen, mit demselben Ehemann seit 20 Jahren zufrieden zu sein, auch wenn er kein Adonis mehr ist und natürlich auch seine Macken hat. Vielleicht finden Sie heraus, dass Sie ganz gut allein leben können oder mit einer anderen Frau oder mit vielen zusammen. Vielleicht bekennen Sie sich fröhlich dazu, ein »Dorfmädel« zu sein und das Leben auf dem Land jeder anderen Möglichkeit vorzuziehen. Oder kultivieren die Liebe zu Ihrer Lieblingsstadt.

Sie dürfen die Wohnung haben, die Ihnen passt: »Was, du hast keine Loggia?« Zu essen, was Ihnen schmeckt: »Was, Kohlrouladen? Nicht Sushi?« Ja. Ja. Ja. Sie gehen nicht regelmäßig ins Theater, haben die Bücher auf der SPIEGEL-Bestsellerliste nicht alle gelesen und auch keinen Designersessel aus weißem Plastik im Wohnzimmer? Na und, wen stört's? Halleluja, es ist Ihr Leben. Sie sind nicht der Scherenschnitt der allgemeinen Erwartungen.

Wenn wir gereift sind, setzen wir den Maßstab. Niemand sonst. Sie dürfen es sich bequem machen oder unbequem werden. Sie dürfen runterschalten oder durchstarten. Ein alter Spruch wird obsolet: Was sollen denn die Nachbarn sagen? Ab sofort ist Ihnen das ganz einfach egal! Sie sind jetzt Ihr eigener Ratgeber: Was tut mir gut? Was brauche ich? Was macht mir Spaß? Was ist meine Herausforderung? Und dann finden Sie Menschen, die das verstehen und manche schöne Dinge mit Ihnen teilen.

Sie meinen, die gibt es nicht in Ihrer Umgebung? Ich verstehe die Zweifel. Ich stelle aber immer wieder fest, wenn wir über unsere veränderte Sichtweise reden, öffnet sich bei dem einen oder der anderen ein Türchen, und Gemeinsamkeiten werden deutlich, die wir nie zu erhoffen gewagt haben. Wir müssen nur mutig den Anfang machen. Es gibt noch so viel zu entdecken.

4.

Ich darf emotional sein

Sissi steht, bildschön wie immer, neben dem österreichischen Kaiser auf dem Markusplatz in Venedig. Das venezianische Volk straft sie mit eisigem Schweigen. Ein kleines Mädchen in einem langen weißen Kleid läuft auf sie zu. Sie schaut zu dem Mädchen, Tränen laufen über ihre Wange, sie flüstert: »Unser Kind.« Meine Augen laufen auch über. Sissi kniet auf dem roten Teppich: Mutter und Kind fallen sich in die Arme. Die gerührte Menge skandiert »Viva la Mama«. Welch ein Kitsch! Und wieder sitze ich heulend vor dem Fernseher. Zum wievielten Mal sehe ich diese Szene? Zum zehnten, fünfzehnten Mal? Wahrscheinlich noch öfter. Aber ich weine immer!!!

Ja, ich bekenne, ich bin eine Heulsuse (warum, werde ich später auflösen). Ich weine, wenn deutsche Fußballspieler nach einer Niederlage schluchzen; ich weine, wenn ein usbekischer Überraschungssieger auf dem Tennisplatz Tränen der Überwältigung vergießt; ich weine, wenn Julia Roberts Richard Gere verlässt; ich weine, wenn ein Tierkind in einer Comicserie nach seiner Mama ruft. Ich habe ganze Zugreisen über einem Buch in Tränen aufgelöst verbracht, bis der besorgte Schaffner mich fragte, ob mir etwas fehle. Mit verschwommenem Blick konnte ich nur stammeln: »Nein, nein, alles in Ordnung. Das Buch ist nur so schö-ö-ön.« Kein Gag kann zu schmalzig sein, als dass er nicht bei mir genau den gewünschten Effekt hervorruft, sogar in Vorabend-Soaps. (Okay, dafür schäme ich mich ein wenig, denn dafür sind sie wirklich zu schlecht gemacht.) Übrigens mag ich auch Männer, die weinen können.

Und nun zum Gegenteil: Ich kann auch Tränen vor Lachen vergießen, wenn ich die »Nackte Kanone« sehe und Lesly Nilson als der tumbe Polizist die Queen vom Balkon stößt. Ich kann mich über Louis de Funès totlachen, wenn er in einem Munitionslager panisch nach einer scharf gemachten Handgranate sucht und man erwartet, dass das Ding jede Sekunde hochgeht. Ich kann gar nicht verstehen, dass andere Menschen an dieser Stelle gelangweilt wegschalten. Das gibt's doch gar nicht! Leider muss ich auch lachen, wenn Leute sich den Kopf anhauen, blöd stolpern oder den Inhalt ihrer Einkaufstüten verlieren, vor allem wenn ich sie persönlich kenne. Ich kann nicht anders. Bitte verzeihen Sie mir. Ich helfe auch gleich, wenn ich mich wieder fassen kann.

Ja, ich bin dafür, emotional sein zu dürfen. Auch wenn das nicht immer politisch korrekt ist. Ja, ich habe auch schon im Büro geheult. Obwohl, so toll war das auch wieder nicht. Früher hatte ich mal eine Chefredakteurin, die hat es mehrmals mit einer ungeheuer verletzenden Art geschafft, mich in einem Gespräch zum Weinen zu bringen. Jedes Mal bin ich wie angestochen aus ihrem Büro gelaufen und habe mich auf dem Klo ausgeheult. Ich konnte es nicht verhindern, die Tränen kamen einfach.

Trotzdem würde ich es heute anders machen. Nach dem Motto: Weglaufen gilt nicht. Ich würde einfach sitzen bleiben. Ich würde sie mit meinen Tränen, mit den Sturzbächen, dem Naseschniefen und Stammeln konfrontieren und ihr klarmachen, dass es ihre Verletzungen und meine Wut darüber waren, die mich zum Weinen gebracht haben. Und dass es ihre Schuld ist. Nicht meine. Inzwischen weiß ich: Angst und Mut zusammen ergeben Wut. Angst hatte ich damals, aber der Mut fehlte mir. Den musste ich erst entwickeln.

Jahrelang wurde uns eingeredet, dass Emotionen im Business nichts zu suchen hätten. Frauen wurden von Kollegen verhöhnt, wenn sie sich aufregten. »Sei doch nicht so hysterisch!« Na klar, du hast mir gerade meine Idee geklaut, hast dich damit beim Chef angewanzt und bist sogar groß rausgekommen, warum sollte ich mich da irgendwie aufregen. Grrr! Auch in privaten Beziehungen hören Frauen allzu oft: »Reg dich doch nicht so auf!« Na klar, du hast mich mit meiner besten Freundin betrogen. Hast dich auch noch von den Nachbarn dabei beobachten lassen. Ich bin ja nur Stadtgespräch. Nee, warum sollte ich mich da irgendwie aufregen? Grrr!

Ich gebe meine Gefühle nicht an der Garderobe des Lebens ab.

Ich möchte mich aufregen dürfen und laut lachen und weinen und schimpfen und begeistern und eben auch mal schreien, wenn ich schreien möchte. Ist Ihnen mal aufgefallen: Wenn Männer laut werden, wird die Stimme dunkler, wenn Frauen laut werden, wird sie heller. Das ist nur natürlich, es liegt an der unterschiedlichen Länge der Stimmbänder. Ich möchte aber deshalb meine Gefühle nicht an der Garderobe des Lebens abgeben. Ich bin peinlich? Na, dann bin ich halt peinlich. Das werden die anderen aushalten müssen. Mal im Ernst: Wann ist es schon so extrem? Wie oft wird das sein? Meistens haben wir uns doch gut im Griff, aber wenn ... Gefühle gehören zum Leben.

Warum erschrecken sich so viele Menschen gerade, wenn Frauen mal laut werden? Weil die Stimme durch und durch geht? Na hoffentlich. Aber vor allem, weil sie plötzlich deren ungeheure Kraft spüren, die sonst allzu oft gedämpft wird von *Lieb-gehabt-werden-Wollen* und

Bravsein, von *Sich-unter-Kontrolle-Haben* und *Bloß-nie-manden-Provozieren,* von *Das-tut-eine-Dame-Nicht* und *Du-musst-Funktionieren.*

»Mädchen, die pfeifen, und Hühnern, die krähen, denen muss man beizeiten die Hälse umdrehen!« Was bedeutet dieser Spruch meines früheren Französischlehrers? Laute Mädchen und Frauen – Kopf ab. Na, wenn das keine klare Botschaft war. Das Schlimme daran, negative, sprich die schlechten Gefühle zu unterdrücken: Die guten sterben gleich mit ab. Oder wie es der Psychologe Alexander Lowen gnadenlos formuliert: »Tote Männer weinen nicht. »[7]

Ich kenne genügend beruflich sehr engagierte Frauen, die von sich selbst sagen »Ich lebe nur noch von hier bis hier« – und sie zeigen vom Scheitel bis zum Hals. Nur noch im Kopf, abgetrennt von ihrem Körper. Wer aber seinen Kopf von seinem Körper und damit seinen Gefühlen trennt, lebt nur noch halb. Wer sich ständig unter Kontrolle hat, schafft den Gefühlsausgleich nicht mehr. Die Seele verknöchert wie ein gichtiges Gelenk. Das beste Beispiel: die verkrampften Kiefergelenke, mit denen viele Frauen herumlaufen.

Erst vor kurzem hatte ich eine Frau in einem Seminar, die wunderschöne strahlende Augen hatte, aber immer verkrampft wirkte. Wir fanden im Gespräch heraus, dass es ihre zusammengepressten Kiefermuskeln waren, die dazu führten, dass sie beim Lächeln die Lippen auf die

Zähne presste und es aussah, als würde sie »Zähne fletschen«. Sie berichtete, dass sie sich ständig unter Kontrolle hielt, halbtags in einer Bank arbeitete, nachmittags für die beiden Töchter da war, abends kam der karriereorientierte Ehemann dazu. »Ich muss funktionieren«, sagte sie selbst, »es hängt doch alles an mir.« Funktionieren müssen, das sah man ihr an. Der Körper verrät, wie es dem Menschen geht. Nach dem zweitägigen Seminar kam sie zu mir, sehr nachdenklich, aber bestärkt: »Ich werde einiges ändern in meinem Leben. Ich möchte wieder mehr Spaß.«

Ich muss nicht funktionieren.

Die ständige Beißhemmung, wie Psychologen das nennen, führt dazu, dass wir die Kiefergelenke ständig aufeinanderpressen, bis wir den Mund kaum noch zum Sprechen aufbekommen. Wir kontrollieren uns, wir beschränken uns, wir bremsen uns. Achten Sie mal darauf, wenn Sie das nächste Mal fernsehen: Selbst die meisten Moderatorinnen bekommen die Zähne nicht mehr auseinander. Meine Beobachtung: je hübscher im landläufigen Sinne, umso verkrampfter sind sie.

Die Anspannung kennen wir alle. Als ich überlegte, mich selbstständig zu machen, und die Angst vor der Zukunft mich packte, knirschte ich nachts so stark mit den Zähnen, dass ich mir eine Krone herausbrach und eine Beißschiene von meiner Zahnärztin verschrieben bekam. Kurz nachdem ich tatsächlich gekündigt hatte, hörte das Knarzen übrigens wieder auf. Angestellte haben diese Beißhemmungen, weil sie sich nicht trauen, ihren Vorgesetzten die Meinung zu sagen. Vorgesetzte knirschen, weil sie Angst vor ihren Mitarbeitern haben. Menschen mahlen mit den Zähnen, die um ihren Arbeitsplatz fürchten. Selbstständige, wenn ihre Kunden sie knechten oder die Rechnungen ewig nicht bezahlen. Es ist ein gewaltiges Knirschen, das nachts durch die Republik hallt, Megatonnen unterdrückter Emotionen.

Testen Sie doch gleich mal, wie es um Ihre Kieferstarre steht. Reißen Sie den Mund so weit auf, wie es geht (Sie sitzen im Auto? Hihi, dann schauen Sie dabei ruhig auch mal kurz nach links und rechts, huaaah!) Knackt es ordentlich? Na, dann lebt doch noch was. Dies führt übrigens zu einer wunderbaren Übung aus dem Hatha-Yoga: der Löwe. Bei dieser Übung reißt man den Mund weit auf, streckt die Zunge heraus, schiebt den Kopf nach vorne, hält die Hände wie Pranken vor sich (Nein, nicht während des Autofahrens! Hände ans Lenkrad! Bis zur nächsten roten Ampel warten!). Und dann schreit man laut »Uahhh!«. Sieht wirklich seltsam aus, aber drei bis fünf Mal hintereinander gebrüllt entspannt es die Muskeln um Ihren Kiefer ganz allerliebst. Und wenn Sie hinterher gähnen müssen, umso besser. Gähnen ist in diesem Fall ein Zeichen von Entspannung. (Vielleicht sollten Sie diese Übung doch nicht während des Autofahrens machen. Lieber erst einen Parkplatz ansteuern, aussteigen, den Löwen machen – »Uaaaah«.)

»Ein Gefühl ist die Wahrnehmung einer inneren Bewegung«, schreibt Alexander Lowen. Es ist das Gegenteil von sich zusammenreißen. Das hat Manuela, 45, leider im Übermaß gelernt. Wenn sie als Kind zornig war, wurde sie dafür bestraft. Wenn sie weinte, bekam sie manchmal noch eine Ohrfeige dazu: »Damit du weißt, warum du heulst.« Später heiratete sie einen Mann, der ihr tatsächlich sagte: »Brauchst gar nicht zu weinen«, wenn sie in einem Streit mal in Tränen ausbrach. »Glaubst du, ich mache das extra?«, brüllte sie ihn irgendwann einmal an, als es ihr reichte. »Du bringst mich zum Weinen! Kapiert?«

Männer glauben oft, dass Frauen sie mit dem Weinen unter Druck setzen wollen. Und reagieren panisch. Das beste Mittel: sagen, warum man weint, ob aus Angst oder Zorn, aus Verzweiflung oder Traurigkeit. Denn Männer »spüren« nicht, wie es uns geht. Die meisten jedenfalls nicht. Sie versuchen nicht, die Hintergründe zu erkennen und angemessen zu reagieren. Sie sind nicht wie unsere beste Freundin. Sie können es nicht. Sie fühlen sich im Gegenteil von Tränen unter Druck gesetzt, ja erpresst. Und da gibt es nur eins: Nase putzen und Tacheles reden. »Ich weine, weil …« Bei Manuela hat es funktioniert. Ihr Mann wartet jetzt ab und hört ihr zu, wenn sie irgendwann wieder zusammenhängende Sätze sprechen kann.

Überhaupt gilt bei aller Emotionalität: Lasst negative Gefühle da raus, wo sie hingehören! Wer uns ärgert, bekommt sofort eine klare Reaktion »Hallo, hör mal …« Zu viele Frauen sparen leider den Ärger auf ihrer inneren Wutbank an, bis ihr »Guthabenkonto« von Zins und Zinseszins gesprengt wird – und der Nächstbeste die volle Ladung abbekommt. Leider trifft es dann oft einen Unschuldigen.

Ich lasse negative Gefühle da raus, wo sie hingehören.

Deshalb ist das einzig Wahre, den Ärger bei den Verursachern abzuladen. Wer Ärger sät, soll Ärger ernten. Je rechtzeitiger wir uns entladen, umso harmloser sind die Folgen. Nur dann schaffen wir es, angemessen zu reagieren, die richtigen Worte zu finden und nicht verbrannte Erde zu hinterlassen. »Werd bloß nicht frech«, haben wir von Eltern oder Lehrern oft gehört. Heute denke ich: Frauen sollten viel öfter frech werden, das heißt, den Mund aufmachen, sagen, was sie wollen. Wer frech ist, traut sich was.

Dies bedarf einer mutigen Freiheitserlaubnis: »Ich darf wütend sein.« Natürlich darf ich zornig reagieren, wenn mir jemand meinen Vorgarten zertrampelt, auch im übertragenen Sinne. Wenn ich wütend werde, ist das ein klares Signal, dass jemand meine Grenze überschritten hat.

- Wer mir etwas wegnimmt, muss mit mir rechnen.
- Wer böse über mich spricht, muss mit mir rechnen.
- Wer mich ungerecht behandelt, muss mit mir rechnen.
- Wer mich übers Ohr hauen will, muss mit mir rechnen.
- Wer mich schlecht behandelt, muss mit mir rechnen.
- Wer mich nicht ernst nimmt, muss mit mir rechnen.

Natürlich darf ich Leute aufhalten, die meine inneren Blumenbeete zertrampeln. Ich bin wirklich eine Anhängerin der Bergpredigt. Man könnte mich sicher als Pazifistin bezeichnen. Aber mit dem »auch noch die rechte Wange hinhalten« tue ich mich schwer. Wehren mit friedlichen Mitteln muss drin sein. Möglichst natürlich rechtzeitig, und das heißt, ohne meine Pumpgun zu zücken.

Es ist in jedem Fall besser, lautstark zu werden und meinem Ärger Ausdruck zu verleihen, als mich wegzuschleichen und beleidigt zu sein. Kennen Sie das? Frauen können unheimlich gut beleidigt sein und Dinge übel nehmen. Das macht mich an Frauen manchmal wahnsinnig: Sie sagen nichts, verdrehen ihre Augen und nehmen übel. Ich selbst kann damit ganz schlecht umgehen. Eine Kollegin, die immer Rehaugen machte, wenn sie sich über mich ärgerte, hätte ich schütteln können: »Sag mir, was dich stört. Dann kann ich es ändern. Erwarte nicht, dass ich in deiner zarten Seele lesen kann wie in einem offenen Buch.« Komisch, manchmal entdecke ich ganz schön viel männliche Seiten an mir. Vielleicht liegt es daran, dass ich mit drei älteren Brüdern aufgewachsen bin.

Doch es geht nicht nur um die äußeren Zeichen von Emotionalität. Es fängt in uns drinnen an. Dass wir überhaupt die Erlaubnis haben zu fühlen. In ihrem Meisterwerk *Du sollst nicht merken* hat die Psychoanalytikerin Alice Miller erstmals Ende der Sechzigerjahre die Folgen der »schwarzen Pädagogik« beschrieben. Dass Kinder aus Angst vor der wütenden oder ablehnenden Reaktion ihrer Eltern nicht zeigen dürfen, wie verletzt oder zornig sie über Ungerechtigkeit und Fehler sind. Weil bei einem kleinen Kind die Abhängigkeit von den Eltern so groß ist, spürt es instinktiv, wie existenzvernichtend es sein würde, die Eltern noch mehr zu reizen.

Ein Beispiel: Meine Mutter sprach öfters über die rigiden Erziehungsmethoden, die sie selbst, aber vor allem mein Vater, anwandte. Dann erzählte sie die folgende Geschichte: Ich muss als zwei- oder dreijähriges Kind einmal nachts von meinem Zimmer in einem alten Schulhaus im Dunkeln den langen Flur, dann durch das Esszimmer, das Wohnzimmer zu ihrem Schlafzimmer gelaufen sein. Als ich dort weinend ankam, schickte mich mein Vater im Dunkeln ganz allein zurück in mein Bett. Meine Mutter ließ es zu, wie sie jedes Mal selbstkritisch anmerkte. Sie selbst hätte mitgelitten, sich aber nicht getraut, sich gegen ihren Mann zu stellen. Ich selbst erinnerte mich nicht an diesen Vorfall.

Ich darf merken!

Wie gesagt, ich hörte diese Geschichte mehrmals. Aber es dauerte Jahre, nein mehr als das, Jahrzehnte, bis ich überhaupt etwas empfinden konnte, wenn ich an diese Situation dachte. Vorher merkte ich keinerlei Gefühlsregung, ich war innerlich völlig unbeteiligt, wie erstarrt. Ich dachte zwar immer, wenn ich meiner Mutter zuhörte: »Nein, wie kann man einem kleinen Kind nur so etwas antun?« Aber ich konnte auch sehr klug herleiten, woher das Verhalten meines Vaters kam, seine eigene unglückliche Kindheit, seine Erziehung, das Aufwachsen in der Nazizeit. Alles richtig. Aber ich spürte mich dabei nie.

Vor etwa zwei Jahren erzählte ich einmal meinem eigenen Coach, einer sehr verständnisvollen, warmherzigen Frau, diese Geschichte. Und brach plötzlich in Tränen aus, weinte heftig. Eine ganze Stunde lang. Nach 50 Jahren brach sich endlich dieses kleine Mädchen, voller Angst und Verzweiflung, voller Schmerz und Panik, in mir Bahn. Und ich konnte nicht mehr aufhören zu weinen. Ich spürte ganz genau, wie es war, mich durch diesen kalten, dunklen Gang in diesem alten Schulhaus in mein Zimmer zurückzutasten, weinend, verzweifelt nach meiner Mutter rufend, wenn auch sehr leise wahrscheinlich, eher wimmernd, um den Zorn meines Vaters nicht weiter zu reizen.

Dabei fällt mir auf, dass es gerade Szenen mit Kindern und Tierkindern im Fernsehen oder Kino waren, die mich regelmäßig zum Weinen brachten. In dem Musical »Sissi«, das ich einmal vor vielen Jahren in Wien gesehen habe, gibt es eine Stelle, an der ihr Sohn Rudolf verzweifelt singt: »Mutter, wo bist du?« Noch heute laufen mir still die Tränen herunter, und ich schlucke schwer, wenn ich diese Stelle auf der CD höre.

Ich erinnere mich in diesem Zusammenhang an eine andere Szene aus meiner Kindheit, die mich oft beschäftigt hatte: Mein Vater war Lehrer, er leitete das Kinderturnen in unserem Dorf. Ich war vielleicht fünf, als wir über einen Schwebebalken liefen und am Ende auf eine weiche Matte herunterspringen sollten. Ich hatte Angst zu springen. Mein Vater reichte mir die Hand, um mir zu helfen. Meine Angst wurde größer, nicht kleiner. Er wurde ungeduldig: »Los, spring«. Ich sprang nicht. Bis er mich wütend herunterhob. Ich habe mich oft gefragt, warum hatte ich kein Vertrauen zu meinem Vater (übrigens, mein Leben lang nicht)? Jetzt weiß ich es. Und spüre das Misstrauen ganz tief in meinem Inneren.

Ich bin übrigens immer noch ein Angsthase in manchen Situationen. Ich stand schon mal eine Stunde allein in der Wüste am Grund einer Pyramide. Alle anderen der Reisegruppe waren die alte Holzleiter zum Eingang etwa zwei Meter hochgestiegen und schauten sich mit unserem Führer das Monument von innen an, weswegen wir auch hergekommen waren. Aber man musste von der Leiter einen Schritt zur Seite in das Eingangsloch machen, und das traute ich mich nicht.

Das »Nicht merken«-Dürfen hat noch viel mehr Folgen. Ich habe in meinem Leben ein unglaubliches Durchhaltevermögen entwickelt. Ich nenne es »den Fluch der starken Frauen«. Wir gelten als wahnsinnig stark. Viele lehnen sich an unsere kräftigen Schultern (oder setzen sich gleich ganz drauf). Wir übernehmen Verantwortung für jeden und alles. Sind Meisterinnen im Rücksichtnehmen. Und sind rücksichtslos uns selbst gegenüber.

Ich muss nicht immer stark sein.

Wir sind davon überzeugt, dass wir alles allein schaffen müssen. Wenn es uns richtig schlecht geht, können wir uns nicht einmal unserer besten Freundin anvertrauen. Es entspricht unserem Überlebensmuster »Vertraue niemandem und vertraue dich niemandem an. Helfen kann dir sowieso keiner.« Wir misstrauen Anteilnahme und Hilfsbereitschaft. Erst ganz langsam lerne ich, um Hilfe zu bitten und, was noch schwieriger ist, Hilfe anzunehmen. Liebe Freunde helfen mir, mir helfen zu lassen. Ich mache große Fortschritte.

Ein weiteres Erbe der Töchter, die immer Rücksicht genommen und sich für die Laune der Eltern verantwortlich gefühlt haben: Wir haben Menschen gegenüber, die uns ausnutzen, eine Engels-, nein eine Eselsgeduld. Wir können niemandem richtig böse sein, der uns mies behandelt. Immer finden wir eine Entschuldigung dafür. Wahrscheinlich waren wir sogar selber schuld, denken wir. Ja, wir beschimpfen uns innerlich dafür, dass wir uns ausbeuten lassen. Die Wut richtet sich eher gegen uns selbst als gegen andere.

Ich hatte selbst große Probleme, mich gegen Übergriffe zu wehren. Wurde ich tatsächlich einmal zornig, verflog dieses Gefühl nach nur wenigen Augenblicken. »Du darfst nicht merken!« Ich konnte mich kaum noch an das Gefühl des Zorns erinnern, wenn ich diesem Menschen später gegenüberstand. Das Einzige, was ich noch zustande brachte, waren laue Vorwürfe. Wenn überhaupt. Ich war so eine Meisterin im Verdrängen, dass ich einfach vergaß, wie ärgerlich ich noch kurz zuvor gewesen war.

Nie werde ich die Kollegin vergessen, die mich einmal in einer Redaktion fragte: »Was muss man dir eigentlich noch alles antun, damit du endlich gehst?« Es war genau die richtige Frage, sie half mir damals, mich zu entscheiden. Auch heute noch trage ich sehr viel mit Fassung, wo andere schon längst ausflippen würden. Heute weiß ich übrigens, dass ich die Rehaugen der Kollegin hasste, weil sie meine eigene Duldsamkeit widerspiegelten. Aber ich bin dabei, mich zu entwickeln, nachzureifen, wo harte

Kindheitsprägungen mich stumpf im Gefühl für eigene Bedürfnisse und eigenes Leid werden ließen.

Umso klarer erkenne ich dies bei anderen Männern und Frauen. Ich bin sensibel für Kränkungen und Verletzungen bei anderen, versuche ihnen zu helfen, aus diesem Gefühl herauszufinden, ihre Gekränktheit oder ihren Zorn zu äußern. Vielleicht kennen Sie das auch, dass man bei anderen viel klarer sieht als bei sich selbst, für andere viel leichter Lösungen findet als für die eigenen Probleme.

Mir ist inzwischen klar geworden: Indem ich anderen helfe, Lösungen zu finden, ja und indem ich darüber schreibe, mache ich mir selbst Mut, mutiger zu werden. Wahrscheinlich bin ich auch deshalb Coach und Autorin geworden. Als Journalistin habe ich über andere geschrieben, jetzt darf ich über mich selbst schreiben. Als Journalistin musste ich immer neutral bleiben, jetzt darf ich subjektiv, auch innerlich beteiligt sein. Ein wichtiger Schritt, eine logische Entwicklung.

Ich werde immer mutiger.

Es heißt, emotional wach zu werden. Zorn ist so eine tiefe Emotionalität, die Ursachen hat. Und nur wenn wir uns mit diesen auseinandersetzen, haben wir die Chance, zu emotionaler Gesundheit zu gelangen. Wer seinen Körper ruhig stellt, um den Zorn nicht zu spüren, wird innerlich tot. Wer sich selbst den Mund stopft, um nicht zu schreien, begeht Selbstmord auf Raten. Wer nicht an die Ursachen kommt, doktert immer nur an Symptomen herum. Wenn ich etwas aus dem hervorragenden Buch »Freude« von Alexander Lowen gelernt habe, dann ist es dies.

Um Freude zu erleben und zu empfinden, musst du die Gefühlsschleusen auf »offen« stellen. Dafür braucht es die Durchlässigkeit im Körper, die Offenheit für Empfindungen, die Verbindung zwischen Denken und Fühlen, den Mut zu starken Emotionen, das Aufgeben der ewigen Kontrolliertheit. Eine Frau, die ihre Kieferstarre, sprich die Beißhemmung, überwindet, kann schreien – und lauthals lachen. Sie kann sich äußern und manchmal entäußern, sie kann sagen, was sie will und was sie stört. Sie kann ihre Wünsche äußern und Grenzen setzen.

Sie kann beispielsweise in einem Geschäft mutig nachfragen: »Wo hängt die nächsthöhere Größe?« Und wenn sie hört, dass sie aus dem Raster fällt, kann sie sich aufregen: »Was, die führen Sie nicht? Warum nicht?« Dies ist magenschonender, als sich aus dem Geschäft zu schleichen, sich zu schämen und die Scham mit zwei Sahnetörtchen, einem Piccolo oder einer Tüte Chips zu verdrängen. Wer zu viel hinnimmt, nimmt sich Lebensfreude.

Ich sage, was ich will und was mich stört.

Eine Frau mit starken gelebten Gefühlen kann streiten. Was für eine wunderbare Gabe. Streiten ist besser als Übelnehmen, als das Gift der Ironie zu versprühen, als zickig zu werden, spitze Bemerkungen zu machen oder andere subtil zu bestrafen. Streit ist besser als Verachtung. Wer mit jemandem streitet, nimmt den anderen wahr, nimmt ihn und sich selbst ernst. Streit klärt die Situation und die Atmosphäre. Wir dürfen uns dabei aufregen und unsachlich werden. Jawohl. Wir dürfen unmöglich sein und laut werden. Wir haben das Recht dazu, Fehler zu machen. Und uns hinterher für den Ton zu entschuldigen, wenn er nicht angemessen war, aber nicht für die Tatsache, dass wir uns geärgert haben.

Nach einem Gewitter kann die Sonne wieder herauskommen, der Wind sanft wehen. Nach der Schwüle kommt die Klarheit. Das Licht bekommt eine Strahlkraft, die heilen kann. Und während der letzte Donner sich grollend verzieht, ist die Zeit reif für die Versöhnung, meinetwegen für das Verzeihen. Aber freiwillig, weil ich es will und ich es mir erlaube. Ich darf emotional sein. O ja. Du übrigens auch.

5.

....

Ich darf Fehler machen

Ja – nein, richtig – falsch, stimmt – stimmt nicht. Was auf viele Fragen zutreffen kann, fürs Leben gilt es nicht: Das Leben ist kein Sudoku, bei dem die Lösung schon feststeht. Es ist eine Versuchsanordnung mit zahllosen Zutaten, die in unendlich vielen verschiedenen Verbindungen gemischt werden können und deren Ergebnisse jedes Mal anders sind. Statt »richtig – falsch« gilt »sowohl als auch«. Was bei der einen zu einer duftenden Essenz werden kann, ergibt bei einer anderen ein explosives Gemisch, das mit einem lauten Rums in die Luft fliegt.

Es gibt kein Leben ohne Fehlentscheidungen. Leider wissen wir nicht immer im Vorhinein, ob wir die richtige Wahl getroffen haben. Was gestern richtig erschien, erweist sich vielleicht morgen als nachteilig. Und was wir gestern verpasst haben, erweist sich heute vielleicht als

Segen. Das gilt für beides: Für Fehlentscheidungen und für Fehler. Sie helfen uns zu lernen, sie helfen uns, erwachsen zu werden. Sie sollen uns weiterbringen, nicht bremsen.

Es gibt kein Leben ohne Fehlentscheidungen.

Sie kennen vielleicht die kleine Geschichte: Forscher haben Flöhe in ein Gefäß gegeben. Die Flöhe springen so hoch, dass sie weit über den Rand kommen und ab und zu sogar hinaushüpfen. Die Forscher legen eine Glasplatte auf das Gefäß. Die Flöhe hüpfen und – autsch, schlagen sich den Schädel an. Sie lernen. Nach einiger Zeit springen sie nur noch so hoch, dass sie kurz unter der Glasplatte umdrehen. Kluge Flöhe. Nach einiger Zeit entfernen die Forscher die Glasplatte wieder. Was geschieht? Die Flöhe bleiben bei ihren vorsichtigen Sprüngen. Sie könnten jetzt frei in den Himmel springen, aber sie haben sich auf Vorsicht konditioniert. Arme Flöhe. Übrigens: Neue Artgenossen, die man dazusetzt, passen sich der gebremsten Sprunghöhe der anderen sofort an. Sie wagen gar nicht erst, höher zu springen.

So geht es uns Menschen auch oft: Wir haben uns den Kopf angeschlagen, »einen auf die Mütze gekriegt«, lecken unsere Wunden, haben die Erinnerung des Scheiterns im Kopf und Verletzungen auf der Seele. Wenn wir nicht aufpassen, grenzen unsere negativen Erfahrungen unseren Spielraum unbewusst immer mehr ein. »Nein, das ist nichts für mich.« – »Das sollte ich lieber bleiben lassen.« – »Ach, nein, lieber nicht.« – »Das geht nicht.« – »Das wird nichts.« Statt uns vorwärtszubewegen, weichen wir vor dem Leben immer mehr zurück. Frauen sagen dann zur eigenen Entschuldigung: »Ach, ich brauche das nicht, dafür bin ich schon zu alt und ich bin auch so glücklich …« Sie geben ihre Ansprüche ans Leben, ihren Wunsch nach Großartigkeit auf und verarmen.

Ich verlasse die Komfortzone.

Sie ziehen sich damit in die Komfortzone zurück. Sie kennen vielleicht schon das »Drei-Zonen-Modell«. Für alle anderen eine kurze Erklärung: Es besteht aus drei Ringen. Im innersten befindet sich die *Komfortzone.* Dort fühlen wir uns sicher, dort ist es richtig kuschelig. Jeder Mensch braucht diese Zone. Wir kennen alles, haben alles schon ausprobiert, wir wissen, was uns erwartet. Es ist unsere Basis. Aber diese Zone ist begrenzt. Es geschieht dort nichts Neues. Entwicklung und Wachstum ist nur in der darum herumliegenden Zone möglich, der *Risikozone.* Dort probiere ich Neues aus, lerne dazu, nehme Chancen und Herausforderungen wahr.

Diese Zone birgt, wie der Name sagt, manche Risiken. Ich kann tolle Erfolge haben, aber auch grandios scheitern. Es gibt keine Garantie. Doch ohne Risiko keine Entwicklung. Frauen, die mehr vom Leben wollen, brauchen diesen Freiraum zum Wachsen und Ausprobieren, fürs Bauchkribbeln und Herzklopfen. Wir brauchen diese Zone, um uns zu spüren, uns lebendig zu fühlen. Um unsere Talente zu leben und unsere Fähigkeiten zu verbessern.

Dort liegen Erfahrungen und Erfolge, dort liegt das Größerwerden und das Freierwerden. Dort liegen Glücksmomente und wunderbare Begegnungen. Wenn wir immer wieder einen Ausflug in diese Zone wagen, erobern wir uns zusätzliches Terrain und erweitern damit unsere Komfortzone. Wenn ich etwas Neues ausprobiert habe, gewinne ich Sicherheit. Was ich kann, macht mich nicht mehr nervös. Was ich kenne, wird vertraut. Das haben wir als Kinder erlebt, als wir das erste Mal vom Dreimeterbrett gesprungen sind. Das war das Gefühl bei unserer Führerscheinprüfung. Und dieses Vertrauen haben wir erlebt, als wir mit unserer großen Liebe zusammengezogen sind. Ja, ich kann es. Ja, wir schaffen es. Ja, es klappt. Wie schön.

Den dritten Ring in diesem Erklärungsmodell nennt man übrigens die *Panikzone.* Dort sollten wir möglichst selten hineingeraten. Sie wird erreicht, wenn die Risiken zu groß und damit unüberschaubar werden, wenn wir uns oder die Situation falsch eingeschätzt haben, wenn wir nicht nein sagen konnten. In diesem Raum tut Lernen manchmal weh. Ich war in meinem Leben einige Male in dieser Zone. Es war nicht lustig. Und trotzdem kann ich sagen, dass ich dort ganz wichtige Lebenserfahrungen gesammelt habe. Später mehr dazu.

Wie heißt ein Spruch, den ich neulich von einer Freundin geschickt bekommen habe: »Wenn du das tust, was du immer getan hast, wirst du das bekommen, was du immer bekommen hast. Wie wäre es damit, mal etwas anderes zu bekommen?« Das heißt: Riskiere mehr Ausflüge in die Risikozone. Au ja!

Sieglinde, 34, war eine aktive Seminarteilnehmerin mit einer schönen, klingenden Stimme. Irgendwann sagte sie: »Ich kann halt überhaupt nicht reden.« Ich fragte sie: »Wie kommen Sie auf diese Einschätzung? Wir haben alle einen ganz anderen Eindruck.« Und sie erzählte von dem einen Mal, als sie kurzfristig eine Präsentation von ihrem Chef aufgedrückt bekam, zu einem Thema, in dem sie nicht zu Hause war. Und sie war gescheitert. »Es war eine Katastrophe. Ich habe nur rumgestottert, konnte auf Fragen nicht antworten. Also ich kann so was nicht, präsentieren …«

Ich brauchte ein bisschen, um sie davon zu überzeugen, dass sie aus dem Misserfolg, den sie ohne Zweifel hatte, die falschen Schlüsse gezogen hat. Statt »Ich kann nicht präsentieren« hätte sie lernen sollen: »Ich darf nie wieder

Ja sagen, wenn mir eine so undankbare Aufgabe aufgedrückt wird.« Oder: »Ich muss mich für Präsentationen gründlich vorbereiten.« Sie hielt übrigens bald darauf ein Kurzreferat – mit großem Erfolg.

Fehler sind die Schulmeister des Lebens. Wir sollten nur nicht das Falsche daraus lernen. Stellen Sie sich vor, eine junge Tennisspielerin würde für immer den Schläger hinwerfen, wenn sie anfangs öfter verliert. Niemals könnte sie Wimbledonsiegerin werden. Spieler einer Fußballmannschaft, die achtmal hintereinander verloren haben, würden sich weigern, noch einmal anzutreten. Undenkbar.

Fehler sind die Schulmeister des Lebens.

Gerade im Sport kann man lernen, dass es immer Gewinner und Verlierer gibt:

- Wenn du Pech hast, rutschen dir als hohe Favoritin im Stufenbarren die Hände von der Stange, und du liegst wie ein Frosch auf der Matte.
- Wenn du Pech hast, schießen die Gegnerinnen in den letzten zwei Minuten vor dem Abpfiff, in denen du dich schon als Pokalgewinnerin gefühlt hast, noch zwei Tore.

● Wenn du Pech hast, gehst du statt als strahlende Sprint-Weltmeisterin nach zwei Fehlstarts mit gesenktem Haupt von der Bahn.

So ist das Leben. Beim Sport wird das von allen akzeptiert. Und aus vielfachen Verliererinnen werden irgendwann die Superstars. Aber: Wer sich nicht traut, nach einem Misserfolg erneut sein Glück zu versuchen, hat schon verloren.

Das ist in unserem normalen Alltagsleben genau dasselbe: Wenn wir uns von Flops den Schneid abkaufen lassen, leben wir nur noch ein Schmalspur-Leben. Wir müssen immer damit rechnen: Selbst wenn wir unser Bestes versuchen, werden wir Fehler machen. Das gilt für berufliche Entscheidungen genauso wie bei der Kindererziehung. Ich habe lange geglaubt, ich wäre eine perfekte Mutter gewesen. Schließlich habe ich selbst fünf Jahre bei einer Eltern-Zeitschrift gearbeitet, habe alles gelesen, was über Erziehung geschrieben wurde, und auch bei mir zu Hause die »Familienkonferenz nach Gordon« einberufen. Heute, wo die Kinder erwachsen sind, stoße ich immer wieder auf Anzeichen (oder auf klare Ansagen von ihnen), was ich besser oder besser nicht gemacht hätte. Ja, auch ich habe Fehler gemacht. Ich bekenne. Gott sei Dank haben mir meine Kinder verziehen. Und: Ich kann mir meine Fehler verzeihen. So wie ich heute meinen Eltern verzeihen kann.

Ich verzeihe mir meine Fehler.

Mir ist in den letzten Jahren klar geworden: Der Mensch versucht grundsätzlich sein Bestes. Manchmal ist das leider nicht genug:

- Manchmal irren wir.
- Manchmal schlägt das Pendel von der einen Seite zu weit in die andere Richtung.
- Manchmal nehmen wir uns zu wenig Zeit zum Nachdenken.
- Manchmal meinen wir es zu gut.
- Manchmal machen wir es uns zu einfach.
- Manchmal machen wir es uns selber schwer.
- Manchmal sind wir überfordert.
- Manchmal haben wir Angst.
- Manchmal sind wir blind oder wollen etwas nicht sehen.
- Manchmal wissen wir es nicht besser, haben es nicht gelernt.

Günther Sator, Trainerkollege und Bestsellerautor[8] (er hat Feng Shui in Europa mit seinen Büchern bekannt gemacht), ist Spezialist für Lebensenergie. Er empfiehlt in seinen Büchern und Coachings, liebevoller mit unserer Fehlerhaftigkeit umzugehen. Er sagte mir einmal:

»Jeder Perserteppich hat einen eingebauten Fehler, eine kleine Stelle, die extra falsch geknüpft wird. Denn nur Allah ist fehlerlos. Und die Menschen sollten sich nicht anmaßen, gottgleich zu sein.« Ein interessanter Aspekt. Ich habe von ihm gelernt: Der eine Zuhörer von 500, der nach einem Vortrag zu mir kommt und süffisant sagt: »Na, das war ja nicht viel Neues«, wird mir geschickt, damit ich nicht abhebe. Und auch die eine Seminarteilnehmerin, die eine schlechtere Beurteilung als die anderen 14 in den Bogen schreibt, erinnert mich daran, dass ich nicht perfekt bin. Der eine Mann in einer 30-köpfigen Managementrunde, der während meines Vortrags zu schlafen scheint, ist meine Herausforderung, alles zu geben. »Freu dich über diese Menschen«, hat Meister Sator mich gelehrt, »sie dienen deiner Entwicklung. Sie sind der Garant, dass du ein Leben lang lernen und dich verbessern darfst.«

Er erzählte mir auch von einem Preis, der angeblich in den USA ausgeschrieben wurde, für das erste völlig fehlerfreie Buch. Die eine Million Dollar Preisgeld musste bisher noch nicht ausgezahlt werden, denn ein fehlerfreies Buch gibt es nicht. (Wenn Sie Fehler in diesem Buch entdecken, sind wir Ihnen sehr dankbar, wenn Sie uns eine kurze Nachricht schicken unter info@asgodom.de. Denn Fehlerhaftigkeit grundsätzlich zu akzeptieren heißt nicht, sich nicht ständig verbessern zu wollen.)

Günther Sator macht mit seinen Coachingkunden eine wundervolle Übung, die ich gern an Sie weitergebe: Stellen oder setzen Sie sich gerade hin, und klopfen Sie auf einen Punkt links von Ihrem Brustbein, der in der chinesischen Medizin als »Heilungspunkt« bekannt ist. Sie erkennen ihn daran, dass er beim Draufdrücken ein bisschen weh tut. Der Schmerz kommt von gestauter Energie. Um Energie wieder besser fließen zu lassen, empfiehlt Sator, leicht auf diesen Punkt zu klopfen bzw. ihn zu massieren und dabei mehrere Male zu wiederholen: »Ich liebe und akzeptiere mich, obwohl ich Fehler mache.« Mir selbst hat diese Übung zu mehr Leichtigkeit im Leben verholfen. Und ich gehe seither achtsamer mit meinem Selbstbild um.

Versöhnen wir uns also mit dieser Tatsache: Wir sind unvollkommene Menschen in einer unvollkommenen Welt. Oder, wie Altmeister Goethe es unübertroffen formuliert hat: »Es irrt der Mensch, solang er strebt.« Das heißt nicht, dass wir die Hände in den Schoß legen und uns begnügen: »Das ist halt so!« Es bedeutet, aus den Fehlern zu lernen. Und das ist oft einfacher, als wir denken. Was es unbedingt erfordert: Ehrlichkeit. Will heißen: als Erstes zuzugeben, dass wir einen Fehler gemacht haben. Und dann?

Dann liegt es lediglich an der Betonung des Satzes »Wie konnte mir das passieren?«, ob ich die Verlierer- oder die Gewinnerstraße wähle. Bei der Betonung »Wie konnte *mir* das nur *passieren?*« habe ich null Lerneffekt. Ich sehe mich als Opfer des Schicksals. Ich konnte überhaupt nichts dazu. Und das bedeutet auch: Ich kann beim nächsten Mal auch überhaupt nichts dazu beitragen, dass das Ergebnis besser wird. Die anderen sind nämlich schuld oder die Umstände. Nur nicht ich.

Ein gutes Fehler-Management bringt mich weiter.

Bei der Betonung »Wie *konnte* mir das nur passieren?« schwingt dagegen ausschließlich Selbstbeschimpfung mit. Meist verbunden mit tiefem Groll geben wir ganz allein uns die Schuld: »Ich bin doch zu blöd!« – »Immer mache ich alles falsch!« Wiederum kein Lerneffekt. Denn ich bin einfach zu dämlich. Da kann man nichts machen.

Es gibt eine einzige Betonung, die uns wirklich weiterhilft: »*Wie* konnte mir das passieren?« Weil wir nur damit ins kühle Analysieren und ins veränderte Handeln kommen. Im »Wie« steckt drin:

- Was habe ich nicht berücksichtigt?
- Was habe ich vergessen?
- Was habe ich falsch eingeschätzt?
- Was hat mir gefehlt?

- Was haben andere zum Misserfolg beigetragen?
- Was kann ich beim nächsten Mal besser machen?
- Was möchte ich lernen?
- Was will ich trainieren?

Im Laufe meines Lebens habe ich die Überzeugung entwickelt: Es geschieht nichts ohne Sinn. Ich glaube nicht mehr an Zufall, oder anders herum, ich glaube nach einer Formulierung der wunderbaren Autorin Elisabeth Mardorf[9] an »sinnvolle Zufälle«. Und ich habe immer wieder die Erfahrung gemacht: Was gestern falsch war, entpuppt sich heute als richtig. Oder: Wofür du bitter zahlen musst, erweist sich als wichtiger Lerneffekt. Ich versteige mich zu der Behauptung: Flops machen stark!

Ganz unter uns: Ich habe im ersten Jahr meiner Selbstständigkeit meinen damals größten Kunden verärgert. Es ist nicht zu glauben. Aber leider wahr. Ich hatte in einem Interview einen kritischen Satz über eine Veranstaltung des Unternehmens gesagt, auf der ich selbst als Referentin aufgetreten war. Verwirrt über meine eigene Dussligkeit hatte ich noch gehofft, dass »die« den Artikel vielleicht nicht sehen würden (die Hoffnung stirbt zuletzt). »Die« sahen es natürlich – und stornierten in den nächsten Tagen alle meine Termine bei ihnen. Ich dachte, ich müsste verrückt werden. Handelte es sich doch um einen der mächtigsten Konzerne der Welt. Mit denen muss man sich natürlich anlegen. Ich arme

Irre! Nachdem die absolute Verzweiflung abgeklungen war, marterte mich die Frage: »Wie konnte mir das nur passieren? Welcher Sinn liegt in einer solchen abgrundtiefen Dummheit?«

Nach drei, vier Monaten hatte ich den Ansatz einer Antwort auf die Frage »Wie«: Ich war im Herzen noch Journalistin gewesen. Es stimmte zwar alles, was ich in dem Interview gesagt hatte. Ich musste aber lernen, Dienstleisterin zu sein. Und als diese darfst du eben nichts Böses über deine Kunden sagen und schon gar nicht öffentlich. Basta.

Dieser Lernerfolg hat mich damals zigtausend Mark gekostet. Mir also richtig weh getan. Aber er hatte auch einen positiven Aspekt: Ich lernte, Loyalität zu entwickeln, meine Kunden ernst zu nehmen und mich zu meiner Arbeit mit ihnen zu bekennen. Übrigens: Die stornierten Termine konnte ich durch neue Aufträge fast kompensieren. Auch wenn der verärgerte Kunde mir erst vor kurzem verziehen hat. Wie sagt der Volksmund: Aus Schaden wird man klug.

Und: Ich habe gelernt, über solche Erfahrungen zu sprechen. Von meiner eigenen Fehlerhaftigkeit zu künden, mündlich und schriftlich. Der Effekt: Ich lerne im Nachhinein über manches zu lachen, über das ich mich lange geärgert habe. Ich lerne, mir Fehler zu verzeihen. Und das ist wichtig. Denn Scham ist der größte Energiefresser, den es gibt. Wenn wir uns für etwas schämen, was wir falsch gemacht haben, nehmen wir uns selbst die Kraft, mutig zu handeln. Wer sich selbst Fehler ewig übel nimmt, schwächt die Lebensfreude. Eine Kollegin sagte mir einmal: »Also, ich bewundere dich, wie du über deine eigenen Mankos sprichst. Ich würde mich das nicht trauen.« Ich verrate hier ein Geheimnis: Es ist meine Therapie, die Last meiner Fehlerhaftigkeit zu mildern. Denn ich habe das, was viele Frauen knechtet: einen unglaublichen Perfektionszwang.

Wir Frauen sind selbst unsere schärfsten Kritikerinnen, gnadenlose Beckmesser. Wir registrieren den kleinsten Versprecher, wir geißeln den kleinsten Fehler, wir lassen uns nichts durchgehen. Niemand sonst bekommt das Miniversehen mit, aber wir posaunen es laut heraus. Alle sind zufrieden mit uns, nur wir nicht. Das ist übrigens auch der Grund, warum wir oft so schlecht Lob annehmen können – nur wir allein wissen ja, dass wir noch viel besser hätten sein können …

Ich habe mir selbst einmal eine Lektion in Sachen Abschied vom Perfektionszwang auferlegt. Mein Drucker hatte in der Überschrift einer Folie ein »g« klein statt groß gedruckt. Ich merkte es erst im Seminar. Es war mir furchtbar peinlich. Ich entschuldigte mich mehrmals bei den Teilnehmerinnen. Eine sagte: »Wenn's mehr nicht ist!« Und mir wurde klar: Mein Gott, mach doch aus der Mücke keinen Elefanten. Ich zwang mich, ein Jahr lang immer wieder diese fehlerhafte Folie aufzulegen und mich nicht dafür zu entschuldigen. Die ersten Male war es mir furchtbar peinlich, ich beobachtete die Teilnehmerinnen, wo sie hinguckten. Keine sagte auch nur einmal etwas dazu. Ich lernte es tatsächlich, die Fehlerfolie auszuhalten. Kürzlich habe ich sie neu ausgedruckt und die alte weggeworfen. Danke, Lektion gelernt.

Wenn ich von meinen eigenen Flops spreche, sie ein bisschen übertreibe, die Emotionen, die damit verbunden waren, verstärke, wirkt das für mich wie ein umgedrehtes Fernglas: Die Last wird plötzlich kleiner, die Scham wird geringer, ich bekomme die angemessene Relation hin. Und merke dann, dass dieser vermeintlich wahnsinnig wichtige Fauxpas ein »Fliegenschiss« war im Vergleich zu dem, was sonst alles in unserer Welt passiert.

Ich kann Ihnen sehr empfehlen, eigene Fehler einmal aus verschiedenen Blickwinkeln zu betrachten, Abstand herzustellen, die Perspektive zu wechseln. Einmal ganz nah heranzugehen und die Details anzuschauen. Wie kam es zu dem Fehler? Um sich dann ganz weit zu entfernen und aus der Vogelperspektive zu beobachten: In welchen Relationen stand mein Versagen? Ist es nicht Zeit, mir endlich zu verzeihen?

Das gilt auch für die Situationen, in denen wir uns vermeintlich falsch entschieden haben. Sie kennen vielleicht das Gleichnis von Buridans Esel, der zwischen zwei genau gleich großen und gleich duftenden Heubündeln steht. Unter dem Druck der Entscheidung, welchem Bündel er sich zuwenden soll, »Dem rechten? Dem linken?«, verhungert er. Manchmal fühlen wir uns wie dieser Esel: Welches ist der richtige Weg, links oder rechts? Soll ich oder soll ich nicht? Es ist besser, sich zu entscheiden, als am Leben zu verhungern. Und es gibt Trost: »Wenn du an der richtigen Abzweigung vorbeigegangen bist, dann wirst du ein zweites Mal daran vorbeikommen«, sagt Bernd Ulrich Hohmann. Wer sich gestern falsch entschieden hat, bekommt morgen eine zweite Chance, davon bin ich überzeugt. Manchmal müssen wir nur einen kleinen Umweg dafür gehen.

Sei kein Esel, entscheide dich!

Ulla, 52, ist eher ein zögerlicher Mensch. Sie fragt, bevor sie sich für etwas entscheidet, meist: Was habe ich davon? Manchmal ist diese Frage sinnlos. Ich lade sie zu einer Veranstaltung mit interessanten Leuten ein. Sie fragt: »Was habe ich davon?« Ja, das weiß ich auch nicht. Vielleicht erlebt sie einfach einen schönen Abend. Vielleicht lernt sie jemand Interessanten kennen. Vielleicht ergibt sich ein verheißungsvoller Geschäftskontakt. Aber vielleicht findet sie hinterher auch, sie hätte stattdessen lieber mit einem guten Buch auf dem Sofa liegen sollen. Ja, das kann sein. Aber wir wissen es vorher nicht. Wenn du mit einem guten Buch auf dem Sofa liegst, liegst du mit einem guten Buch auf dem Sofa. Das ist es (und kann herrlich sein). Wenn du dich auf etwas Neues einlässt, ist alles möglich. Langeweile, Spaß, Sensation.

Aber die Frage »Was habe ich davon?« ist ein Spielverderber. Selbst wenn ich Ulla Verheißungsvolles in Aussicht stellen könnte, und sie würde kommen – was, wenn ihre Erwartungen enttäuscht würden? Wer wäre schuld? Blödestenfalls ich. »Leben wäre eine prima Alternative« hieß ein wunderbares Buch der DDR-Autorin Maxie Wander. »Riskieren wäre eine wunderbare Alternative« heißt meine Ergänzung. Es mag toll sein, fehlerlos 120 Jahre alt zu werden. Die Frage ist nur: Wie intensiv war dieses Leben, wofür haben wir uns »aufgespart«? Wie heißt es so entwaffnend: »Die Summe aller Laster ist immer gleich.« Ich glaube, dass ein Leben in Fülle manche Jahre aufwiegt. Dass erst der eine oder andere Fehler uns »ganz« gemacht hat. Dass mancher Umweg in unserem Leben für schöne Aussichten gesorgt hat. Oder, wie es die große Marlene Dietrich ausgedrückt hat: »Wenn ich mein Leben noch einmal leben könnte, würde ich die gleichen Fehler machen. Aber ein bisschen früher, damit ich mehr davon habe.«

»Non, rien de rien, non, je ne regrette rien …« Sie kennen vielleicht dieses wunderbare Chanson von Edith Piaf. »Nein, ich bereue nichts, gar nichts.« Ich stehe zu meinen Fehlern. Zu meinen falschen Entscheidungen. Zu meinen Umwegen. Und ehrlich gesagt: Ich hoffe, dass ich in meinem Leben noch einige machen werde. Denn sonst hieße es, ich hätte schon aufgegeben. Noch einmal zur Erinnerung: Es gibt kein »richtig oder falsch«. Es gibt nur ein »sowohl als auch«. Lasst es uns fröhlich ausprobieren.

6.

Ich darf Angst haben

Chinesische Weise haben für jede Lebenslage den passenden Spruch. Einer heißt: »Durch die Angst ist aus der Angst.« Natürlich kann es Angst machen, eingeschlagene Wege zu verlassen, Entscheidungen zu treffen oder herauszufordern. Es ist ein großer Schritt, wenn wir die »Komfortzone« verlassen und die Grenze zur »Risikozone« überschreiten. Wer dabei gar keine Angst hat, ist tollkühn. Wir dürfen Angst vor Veränderungen haben. Und mehr als das, wie der Psychotherapeut Bernd Ulrich Hohmann sagt: »Angst zu haben ist der Hinweis, dass Sie auf dem richtigen Weg sind.«

Aus Schaden werde ich klug. Hoffentlich!

Wir dürfen unsere Angst spüren, sie annehmen. Wir dürfen sie zulassen, ja lieb haben, ihr danken, dass sie uns warnt. Und dann können wir über Wege nachdenken, die möglichst sicher sind, können planen und gestalten. Angst haben heißt, sorgsamer mit uns und den Veränderungen umgehen. Die Folgen unseres Handelns bedenken. Unsere Wünsche und unsere Kräfte einschätzen. Uns nicht überfordern oder in Gefahr bringen. Es ist eine große Erlaubnis: Wir müssen nicht Superwoman sein, die furchtlose. Nein, wir sind ganz einfach Menschen.

Angst vor Veränderungen darf sein.

Angst hatte auch Sylvia, 48, eine Coachingkundin, als sie sich entschloss, endlich Klarheit in ihr Liebesleben zu bringen. Sie arbeitete als Buchhändlerin in ihrer kleinen Heimatstadt, war seit drei Jahren geschieden, hatte einen erwachsenen Sohn. Vor vier Jahren hatte sie auf einem Klassentreffen ihre erste große Liebe aus der 7. Klasse wiedergesehen. Harald war zur Tür hereingekommen und sie hatte sich sofort wieder in ihn verliebt, in seinen Gang, in seine Stimme, in seine Augen, in seine wunderbare Klugheit. Seitdem sahen sie sich regelmäßig, obwohl er immer noch verheiratet war.

Sie gingen stundenlang spazieren und redeten, redeten, redeten. Obwohl beide eine starke erotische Anziehungskraft spürten, war bis auf sittsame Begrüßungs- und Abschiedsküsschen nichts geschehen, sie waren »vernünftig«. Doch ihre Blicke sprachen Bände, sie schrieben sich intensive Briefe, schickten sich Gedichte, telefonierten lang.

Sylvia hatte sich in den Jahren, seit sie sich von ihrem Mann getrennt hatte, immer wieder auch mit anderen Männern verabredet. Aber es hatte nie gefunkt. Sie spürte, sie wollte nur Harald, und ihm war sie offenbar »treu«. Eines Tages war ihre Geduld zu Ende, sie musste die Situation klären. Sie war einsam, wollte wieder eine feste Partnerschaft – entweder mit Harald oder ohne ihn. Nächtelang brütete sie über die beste Vorgehensweise. Sie hielt nichts davon, ihn zu »verführen«, sie beschloss, ihm ganz klar zu sagen, was sie wollte.

Natürlich hatte sie Angst vor Haralds Antwort, es konnte schließlich das Ende eines wunderbaren Traums bedeuten. Aber sie wollte nicht jeden Tag daran denken, wie es wäre, sie wollte wissen, ob es sein könnte. Also fasste sie sich ein Herz. Und als sie mit ihm das nächste Mal abends beim Essen saß, fragte sie ihn geradeheraus: »Ich möchte zwei klare Aussagen von dir. Erstens, kannst du dir vorstellen, dass wir eine feste Beziehung haben, das heißt, dass du deine Frau verlässt? Und zweitens, wenn nicht, dann gib mir bitte die Erlaubnis, dir nicht mehr treu sein zu müssen. Ich möchte eine liebevolle Beziehung, ich kann und will nicht mehr allein sein.«

Harald schien nicht mal überrascht, erzählte sie später, er hätte nur kurz überlegt, sie offen angeschaut und ernsthaft geantwortet: »Ich habe in den letzten Wochen ebenfalls viel über uns nachgedacht. Ich habe auch gemerkt, dass es Zeit wird für Entscheidungen. Aber ich muss dir ehrlich sagen, ich habe noch keine endgültige Antwort. Bitte gib mir noch ein bisschen Zeit.« Sylvia wusste nicht, ob sie enttäuscht oder erleichtert über seine Worte sein sollte. Sie nickte nur. War es das, was sie gewollt hatte? Nach kurzer Überlegung wusste sie: Ja, keine Spielchen, keine Tricks, dafür eine klare Entscheidung. Wie immer sie auch ausfallen möge.

»Du bist ja mutig«, meinte ihre beste Freundin, der sie am nächsten Tag die Situation schilderte. »Das hätte ich mich nie getraut. Hast du denn gar keine Angst gehabt?« Natürlich hatte Sylvia eine »Mordsangst«, wie sie es selber nannte. Aber das war immer noch besser, als bis an das Ende ihrer Tage auf einen Mann zu warten und vielleicht eine andere, auch glückliche Beziehung zu verhindern.

Ein paar Tage später schrieb sie Harald noch eine Mail zur Verdeutlichung: »Ich weiß nicht, ob ich es dir klar genug gesagt habe: Ich liebe dich und ich begehre dich. Ich möchte mit dir zusammen sein. Ich finde es selbst todesmutig, dir das zu schreiben. Aber ich möchte mich nicht hinterher ärgern, wenn ich nicht genug für unsere Liebe getan habe. Ich weiß, dass meine Gefühle nur die eine

Seite des Glücks sind. Deshalb werde ich geduldig auf deine Antwort warten.«

Auch wenn ihr Herz tüchtig klopfte, als sie die Mail abschickte, so überkam sie doch eine »fröhliche Leichtigkeit«, wie sie mir später schilderte. Sie hatte ihren Teil gewagt, jetzt lag es an ihm. Keine Tricks, keine Spielchen, das hat mir am besten gefallen an Sylvias Beispiel. Eine erwachsene Frau sagt, was sie möchte. Und hoffentlich findet sie einen erwachsenen Partner, der sich dieser Ehrlichkeit würdig erweist. Ich erinnere mich an einen Spruch, den ich einmal gelesen habe: »Was du lieb hast, lass gehen. Wenn es wiederkommt, war es deins.«

Eine erwachsene Frau sagt, was sie möchte.

Erwachsen werden bedeutet, dass die Risiken größer werden. Wir treffen Lebensentscheidungen, die nicht nur Auswirkungen auf uns, sondern auch auf andere haben. Und wer sich diesen Risiken stellt, darf ruhig Angst haben. Es ist kein Ziel, abgeklärt zu sein. Natürlich greift manchmal die kalte Hand der Angst nach unserem Herzen, wenn wir uns trauen, unsere Grenzen zu sprengen. Wenn wir einen Job kündigen oder einen annehmen. Wenn wir uns selbstständig machen oder investieren. Wenn wir uns trauen und »Ja« sagen oder eine unglückliche Beziehung beenden. Wenn wir uns jemand anderem anvertrauen oder ihm/ihr Grenzen setzen.

Es ist dabei immer gut, auf das »innere Kind« in uns zu hören. Sie kennen vielleicht diesen Begriff, der von den beiden Psychologen Luise Reddemann und Ulrich Sachsse erfunden wurde. Es handelt sich dabei um diese Stimme in uns, die sich oft ganz klein macht; manchmal ängstlich und verzagt ist. Die sich oft machtlos und ausgeliefert fühlt. Die unsere Angst nährt. Und die manchmal destruktiv sein kann. Das heißt nicht, sich von dem ängstlichen kleinen Kind in uns beherrschen zu lassen, aber wir sollten es jede Frage stellen lassen und versuchen, verlässliche Informationen zu finden. »Ich habe Angst, dass ich bei meiner Präsentation scheitern könnte.« Also, was kann ich alles tun, um Sicherheit zu gewinnen und mich bestmöglich vorzubereiten? »Ich habe Angst, dass mich die neuen Kollegen in der anderen Firma ablehnen.« Was kann ich beachten, um mich gut einzufügen? »Ich habe Angst, mich auf eine neue Beziehung einzulassen.« Worauf muss ich achten, um mich selbst darin nicht zu verlieren?

Informationssammeln verringert die Angst. Übrigens eine Angst, die uns oft als Botschaft aus der Kindheit mitgegeben wurde. »Sei vorsichtig« – »Du bist schwach« – »Pass auf« – »Du kannst niemandem trauen« – »Übernimm dich nicht.« Viele Frauen leben unter ihren Möglichkeiten, weil die ständige Angst vor der vermeintlich gefährlichen Welt sie zögern und zurückschrecken lässt. »Wann werden Sie wissen, ob Sie das können?«, frage ich manchmal zögerliche Frauen. »Wenn Sie es ausprobiert haben!« So natürlich Angst ist, so gibt es auch nur einen Weg, sie zu überwinden. Über das Tun. Wer sich im Vermeidungsverhalten fängt, geht einen Schritt nach dem anderen zurück. Nur wer der Angst ins Auge blickt, kann sie überwinden.

Alexander Lowen[10] schreibt dazu: »Eltern sagen ihrem Kind oft, es solle sich schämen, weil es sich fürchtet, und zwingen es damit, seine Angst zu verleugnen und tapfer zu sein. Aber wenn wir die Angst nicht spüren, bedeutet es nicht, dass wir mutig sind, sondern lediglich, dass wir nicht fühlen.«

Besonders achtsam sollten wir sein, wenn unser inneres Kind sich mit verschreckten Augen vorstellt, wie schrecklich jemand reagieren wird oder welche furchtbaren Folgen es haben wird, wenn es sich traut, dies oder das zu tun … Wie Corinna, 39, die Schwierigkeiten hatte, auf Unbekannte zuzugehen, etwa auf einer Veranstaltung oder einer Party. Ihre innere Stimme hielt sie zurück: »Die wollen doch gar nichts mit dir zu tun haben. Was werden die denken, wenn du die einfach ansprichst?« Oft werden ganze Horrorszenarien gesponnen, die absolut lähmend wirken. Und dafür sorgen, dass wir gar nicht erst versuchen, etwas zu ändern. »Sie werden sich umdrehen und von mir abwenden. Es wird total peinlich sein.«

Das bedeutet, uns nicht von unserem inneren Kind terrorisieren zu lassen. Da braucht es schon die Erfahrung und Weitsicht unseres erwachsenen Ichs, um die Lage einigermaßen realistisch einschätzen zu können und ins Handeln zu kommen. Wer immer nur die Risiken sieht, kann nichts riskieren. Wir müssen uns die Chancen ausrechnen, um mutig zu handeln. Corinna hat mithilfe von drei Sätzen ihre Angst gemildert. Sie sagt sich jetzt immer: »Ich setze den Fifty-Fifty-Joker. Entweder sie reden mit mir oder nicht. Ich werde es ausprobieren.« Ihre Erfahrung nach einem Jahr: Die meisten Leute sind nett und aufgeschlossen, einige sind langweilig und ganz wenige sind Büffel, mit denen man nicht ins Gespräch kommt. Auch gut.

Nicht immer schafft man diese Wandlung mit drei einfachen Sätzen. Oft sitzen die Ursachen so tief, und der innere Schmerz und die Traurigkeit sind so stark, dass wir ihnen nicht allein begegnen wollen. Deshalb dürfen wir uns helfen lassen, unsere Angst zu überwinden. Indem wir uns einen Therapeuten oder eine Therapeutin suchen oder in eine Gruppe gehen, in der wir von uns selbst sprechen können.

Ich gehe liebevoll mit meinem inneren Kind um.

Übrigens: Mein inneres Kind fühlt sich in fremden Hotelbetten manchmal furchtbar einsam. Das fand ich in Gesprächen mit meinem eigenen Coach heraus. Und das kann eine Belastung sein, wenn man wie ich manchmal fünfzehn Nächte im Monat in fremden Städten schläft. Meine Gesprächspartnerin brachte mich auf eine gute Idee: Ich habe dem kleinen Mädchen in mir ein »Mäh« gekauft, ein kleines weiches Babyschaf, das jetzt immer mit auf Reisen geht und ein Stück Wärme in die fremde Umgebung bringt. (Ehrlich gesagt ist es schon das zweite, das »Erst-Mäh« habe ich in einem Genfer Hotel vergessen und habe heute noch ein schlechtes Gewissen.) Wache ich nachts auf, was häufig in fremden Betten geschieht, taste ich nach meinem Mäh, und alles ist gut. Es ist übrigens witzig zu beobachten, mit welcher Kunstfertigkeit die Zimmermädchen morgens das kleine Wollschaf auf dem Bett drapieren …

Seit ich gelegentlich von meinem Mäh erzähle, bekomme ich von anderen Menschen die wunderbarsten Geschichten erzählt, wie sie die Einsamkeit in Hotelzimmern überwinden. Die einen haben immer den gleichen Hausanzug dabei, in den sie sich am Abend sofort werfen, um ein heimisches Gefühl zu erzielen. Andere dekorieren ihre Nachtkästchen zu kleinen »Hausaltären« mit Fotos von der Familie und kleinen Erinnerungsstücken. Eine gestandene Managerin zeigte mir verschämt den kleinen Playmobilritter, den ihr Sohn ihr vor Jahren geschenkt und der seither jede Reise mitgemacht und ihr »immer Glück gebracht« hat. Seit jeher haben Menschen sich mit einem »Talisman« Stärke geholt, warum sollten wir diese Kraft nicht nutzen?

Angst ist ein schlechter Ratgeber, sagt man, und doch: Wer weiß schon vorher, ob es gut gehen wird, was wir uns vornehmen? Leben gibt es leider nur ohne Garantie. Manchmal ist es besser, etwas nicht zu tun, als es zu tun. Manchmal bewahrt uns unsere Angst vor großen Fehlern. Und es gibt die Ermutigung: »Wo aber Gefahr ist, da wächst das Rettende auch«, schrieb schon der Dichter Friedrich Hölderlin (1770 bis 1843). Meine Großmutter nahm es ebenfalls poetisch: »Und wenn du denkst, es geht nicht mehr, kommt von irgendwo ein kleines Lichtlein her.«

Mich selbst haben manche »Lichtlein« aus dunklen Lebens-Löchern wieder herausgeführt. Menschen, die mir geholfen haben, wenn Angst mich überrollte. Oft Menschen, von denen ich es nicht erwartet hätte. Die einfach da waren und zur Verfügung standen. Als ich aus eigener Dummheit meine erste große Steuernachzahlung nicht leisten konnte (ich hatte zu wenig Geld dafür zurückgelegt, die klassische Selbstständigenfalle), erzählte ich das einem Bekannten, den ich vielleicht gerade mal drei oder vier Mal getroffen hatte, denn ich war absolut verzweifelt. Er fragte: »Wie viel Geld brauchst du? Ich kann dir etwas leihen.« Drei Tage später war das Geld auf meinem Konto, und ich konnte meine Steuerschulden zahlen. Ich werde ihm das niemals vergessen. Wir sind übrigens inzwischen sehr gute Freunde.

Oft genug habe ich ein Stoßgebet an die Adresse der göttlichen Macht geschickt, wenn ich selbst nicht mehr weiterwusste. Auch wenn sie sich nicht selbst in Bewegung setzte, um mir aus dem Schlamassel zu helfen, sorgte der Appell durchaus dafür, dass ich wieder klar denken, Hilfe von anderen annehmen oder auf rettende Ideen kommen konnte. Oder einfach angespannte Situationen besser ertragen konnte. Wie einmal eine angekündigte Notlandung. Wir waren mit dem Flugzeug in Frankfurt gestartet, um nach München zu fliegen. Wie immer fing ich gleich an zu lesen. Plötzlich merkte ich, da stimmt etwas nicht. Ich sah aus dem Fenster und merkte: Wir kreisten über dem Spessart. Vor der Landung ist das ja durchaus üblich, nach dem Start sehr verdächtig. Irgendwann meldete sich eine Stewardess mit zitternder Stimme und verkündete, dass es ein technisches Problem gäbe und wir nach Frankfurt zurückkehren müssten.

Ein Stoßgebet ist oft die Rettung!

Anfangs witzelten die um mich herum sitzenden Mitflieger noch, aber als klar wurde, dass es eventuell eine Bruchlandung geben würde und die Feuerwehr schon auf der Landebahn bereitstehen würde, wurde es merklich still. Während wir unsere Uhren und Brillen absetzten, die Männer die Krawatten abnahmen, hörte ich plötzlich gestandene Managertypen hinter mir leise beten. Und auch ich, die ich mich ansonsten eher auf meinen schwarzen Humor verlasse, schickte ein Stoßgebet los: »Bitte beschütze mich und alle in diesem Flugzeug. Bitte beschütze meine Kinder, ihren Vater, meine Mutter und meinen Bruder. Bitte beschütze meine ganze Familie.« Die Landung ging gut, es war falscher Alarm. Aber was mir hinterher klar wurde, nachdem ich mit zitternden Knien die Treppe hinuntergestiegen war: In solchen Momenten der Angst wird uns bewusst, was uns wirklich wichtig ist auf der Welt. Ich habe keine Sekunde über Aufträge, Kunden oder irgendetwas Materielles nachgedacht.

Ich bin sehr dafür, Ängste ernst zu nehmen, sich von ihnen leiten zu lassen und praktikable Lösungen zu finden. Nach meiner Erfahrung spüren wir, wann der richtige Augenblick da ist, selbst wenn wir jahrelang etwas vor uns hergeschoben haben. Die Voraussetzung: Wir spüren uns selbst überhaupt, trauen uns hinzuschauen, wo es uns nicht gut geht, werden uns bewusst, was wir wirklich wollen.

Oft ist es die Fülle von Entscheidungsmöglichkeiten, die uns Angst machen, es gibt zu viele Alternativen. Und wir ganz allein sind dafür verantwortlich, ob wir das Richtige tun? Wir leben in einem Zeitalter, in dem diese vermeintliche Entscheidungsfreiheit auch zur Last werden kann. Kurz nach der »Wende« besuchte uns eine Tante aus Magdeburg in München. Wir gingen in einen großen Supermarkt, sie mit offenem Mund über die Fülle der Waren. Vor dem fünf Meter breiten Regal mit Waschpulver konnte sie nicht mehr, ja sie rastete völlig aus, schrie. Sie musste den Markt ganz schnell verlassen. »Was für ein Wahnsinn«, japste sie nur noch, »was für ein verdammter Wahnsinn.«

Dieses Überangebot von Möglichkeiten, auch genannt der »Entscheidungshorror«, ist es, das Menschen manchmal den Atem nimmt. »Anything goes«, alles ist möglich. Was wollen Sie lernen oder studieren? Was wollen Sie werden? Wie wollen Sie leben? Hier oder im Ausland? Allein, zu zweit, in der Patchworkfamilie? Von der Frage, welches von 70 Fernsehprogrammen Sie sehen oder welchen von 150 verschiedenen Joghurts Sie essen sollen, mal ganz abgesehen.

Manchmal bringt der Druck, uns schnell entscheiden zu müssen, die falschen Entscheidungen. Ich hatte jahrelang überlegt, mich selbstständig zu machen. Nachdem ich es 1999 endlich gemacht hatte, haben mir viele Bekannte gesagt: »Also, du hättest dich ja auch schon viel früher selbstständig machen können.« Ich weiß, sie haben Unrecht. Hätte ich es früher machen können, hätte ich es getan. Aber die Zeit war noch nicht reif. Meine

Angst war zu groß, mein Selbstvertrauen zu klein. Meine Erfahrung nicht ausreichend, meine Konzepte nicht ausgereift. An einem schönen sonnigen Oktobertag 1998 saß ich auf einem Hügel auf der Schweizer Seite des Bodensees, und plötzlich machte es »pling« in meinem Kopf. Und ich wusste: Der Zeitpunkt war da. Am darauffolgenden Montag kündigte ich. Heute bin ich überzeugt: Es hätte keinen besseren Start geben können.

Marion Vogel, Feng-Shui-Expertin aus Berlin, beschäftigt sich seit vielen Jahren mit altem chinesischen Denken. Nach einem Vortrag sprach die Inhaberin der Agentur AquaVentus mich an, vor allem wegen meiner Ausführungen zum Thema »Nicht werten«. Wir blieben im Kontakt, und neulich schrieb sie mir über Parallelen zur chinesischen Philosophie, die sie in meinen Ausführungen sah: »Unser Denken ist ja stark geprägt durch die europäische Philosophie. Wir sind es gewohnt, sofort zu werten, entweder gut oder schlecht. Werten wir eine Situation als schlecht, ändern wir sie sofort oder versuchen es zumindest. Das chinesische Denken zeigt ein Expertentum der Umstände. Es bedeutet, nicht immer sofort zu handeln, sondern eine Situation erst prüfen und stehen lassen, um unsere Neigung, unser Potenzial zu erkennen. Keine einfache Sache. Mir hilft inzwischen der kluge Satz des Dalai Lama: Bedenke, nicht zu bekommen, was man will, ist manchmal ein großer Glücksfall.«

Das bedeutet bei aller Autonomie und Entscheidungsfreiheit:

- Ich darf zögern.
- Ich darf mich gegen etwas entscheiden.
- Ich darf den richtigen Zeitpunkt abpassen.
- Ich darf abwarten, bis ich bereit bin etwas zu tun.
- Ich darf eine Situation aushalten, die ich noch nicht
  bereit bin zu ändern!
- Ich darf einen Konflikt ungelöst lassen.
- Ich darf etwas nicht schaffen und es lassen.
- Ich darf mich selbst ausbeuten, aber ich darf es auch
  sein lassen.
- Wenn Angst mich lähmt, darf ich mir von außen Hil-
  fe holen.

Die Erlaubnis zu Angst und Zweifeln macht mich erst
vollständig, lässt mich alle Aspekte meines Menschseins
erkennen. Wir sind nicht immer nur stark. Wir wissen
nicht immer genau, was zu tun ist. Sie führt weg vom
Richtig-falsch-Denken zum Sowohl-als-auch. Von den
möglichen Optionen muss ich mich für eine entscheiden
und damit gegen andere, vielleicht ebenfalls »richtige«.

Bernd Ulrich Hohmann sagt: »Erwachsen sein heißt,
die Spannung auszuhalten – zwischen Abhängigkeit und
Autonomie, Geborgenheit und Selbstbestimmung, Ver-
sorgtwerden und Autarkie, Unterwerfung und Macht,

Angst und Lust, sozialer Haltung und Egoismus.« Ich füge hinzu: Es heißt auch, Großzügigkeit mir selbst gegenüber zu beweisen. Ich muss nicht perfekt sein. Ich darf ein unvollkommener Mensch in einer unvollkommenen Welt sein.

Sie wollen noch wissen, wie es bei Sylvia und Harald weitergegangen ist? Sylvia hat vor kurzem die Antwort von Harald bekommen. Wie sie lautete? Er mag sie sehr gern, aber eine gemeinsame Zukunft sieht er nicht. Er wird bei seiner Frau bleiben. Und er gibt sie »frei«. Sylvia war ein paar Tage sehr traurig, hat viel geweint. Aber gleichzeitig fühlte sie sich erstaunlich erleichtert. »Jetzt weiß ich, woran ich bin. Und mache mir keine falschen Hoffnungen mehr.« Sie hat eine neue Option auf Glück gefunden.

Es kann aber auch ganz anders gewesen sein: Harald hat sich von seiner Frau getrennt, ist in eine eigene Wohnung gezogen und ist jetzt bereit, mit Sylvia herauszufinden, ob ihre Liebe trägt. Es ist nicht einfach, beide sind ein bisschen befangen, müssen sich als Liebende erst finden. Sylvia ist manchmal erschreckt über die Folgen ihrer Frage. Aber sie weiß, sie beide werden ehrlich miteinander umgehen und sich eine Chance geben. Jetzt wird ihr erst klar, wie sehr sich ihr Leben verändern wird, und daher ist sie ziemlich aufgeregt.

Wichtig ist nicht, wie das Happyend bei Harald und Sylvia tatsächlich aussieht. Wichtig ist zu erkennen, dass verschiedene Varianten möglich sind und gleichberechtigt nebeneinander stehen (interessant ist, bei welchem Schluss Sie sagen: »Ja, so ist es gut.«). Eine Frau, die etwas wagt, muss damit rechnen, dass das Ergebnis ihr entweder gefällt oder sie enttäuscht. Was nichts darüber aussagt, was auf Dauer das Beste für sie sein wird.

Ich darf meine Angst als Verbündete nutzen.

Leben heißt gewinnen und verlieren, Angst kann uns dabei begleiten, aber sie sollte uns nicht davon abhalten, die Optionen des Lebens auszukosten. Alexander Lowen nennt Angst eine »natürliche Emotion, die allen Geschöpfen gemeinsam ist. Wer seine Angst verleugnet, verleugnet seine Menschlichkeit. Sich fürchten bedeutet nicht, dass man ein Feigling ist. Wahrer Mut ist, trotz der Angst mutig zu handeln.« Das heißt: Wir dürfen die Angst als Verbündete nutzen, ihre Fragen ernst nehmen und sie als Ansporn nehmen, die besten Lösungen zu finden. Angst schenkt uns den Adrenalinstoß, den wir manchmal brauchen, um uns aus unguten Situationen zu befreien, etwas zu riskieren und Klarheit zu schaffen. Als Verbündete ist Angst ein guter Begleiter. Sie hilft uns, das Leben anzunehmen, wie es ist. Sie hilft uns, Dinge geschehen zu lassen und aus dem ewigen Kampf des »höher, schneller, weiter« auszusteigen.

7.

Ich darf aus der Reihe tanzen

Kennen Sie den Blick, den uns jemand zuwirft, wenn wir etwas Ungewöhnliches, Unkonventionelles oder gar Unerhörtes machen? Die Augenbrauen erhoben, die Nase gerümpft, den Mund angewidert verzogen. Er sagt: »Oh, du meine Güte, was macht die da?« Shocking. Nie gesehen, nie erlebt? Schade! Dann wird es Zeit. Tanzen Sie aus der Reihe, machen Sie, was Ihnen gefällt, reagieren Sie unkonventionell. Laufen Sie durch einen Springbrunnen, wenn Sie Lust darauf haben. Werfen Sie sich in den Schnee, und machen Sie »Engel«, wenn Ihnen danach ist. Widersprechen Sie, wenn jemand Blödsinn redet. Umarmen Sie jemanden, den Sie mögen. Und genießen Sie dann das leuchtende Lächeln des anderen oder sein verdutztes Gesicht.

Noch einmal: Wir sind nicht auf der Welt, um zu sein,

wie andere uns haben wollen. Freiheit heißt Freiheit zum Ungewöhnlichen, zum Aus-dem-Rahmen-Fallen. Wie schnell werden Menschen in Schubladen gesteckt. Machen Sie die Schublade auf, springen Sie fröhlich heraus. »Ich habe Lust, anders zu sein. Ich habe Lust auf meinen eigenen Geschmack, meine eigene Meinung.«

Seit ich denken kann, war ich immer etwas anders als die anderen. Aber ich konnte lange Zeit nicht dazu stehen, ich habe mich eher dafür geschämt. Denn die anderen ließen es mich spüren. Nie vergesse ich eine Schulkameradin, die mir einmal hinterherrief: »Braun und blau trägt die Sau.« Ich liebte als Zwölfjährige diese Farbkombination, hatte braun-blau karierte Kniestrümpfe an. Ich fühlte mich damals von diesem Spruch zutiefst gedemütigt.

Als ich mir mit 13 Jahren mit Hingabe die Fingernägel rot lackierte (Mitte der Sechzigerjahre noch ungeheuerlich), nahm mich meine damalige Englischlehrerin zur Seite, um mir zu sagen, dass dies ein »gutes Mädchen« nicht täte, auf gut Deutsch, ich sei ein Flittchen. Noch heute denke ich an den Spruch, wenn ich zum tiefroten Lack greife: »Einen Pinselstrich für Fräulein Ellersiek …«

Als ich mich mit Mitte 20 gewerkschaftlich engagierte, die Frauenfrage virulent wurde, ich nicht mehr über jeden blöden Witz von Männern lachte, nannten mich Kollegen bei der Tageszeitung, bei der ich arbeitete, das

»Flintenweib«. Ich war abgestempelt und ausgegrenzt. Das konnte ich schwer ertragen.

Und auch eine Szene aus meiner Zeit bei einer Frauenzeitschrift spricht eine eindeutige Sprache: Ich bin Ende 30, gehe vor zwei jungen Kolleginnen aus der Moderedaktion her und höre sie über »fiese Stoffhosen« lästern, die ja zu eklig seien. Sie tragen natürlich Jeans, und ich – na klar, eine dunkelblaue Stoffhose. Die »fiese Stoffhose« hat sich damals wie eine Tätowierung in meinen Rücken gebrannt. (Komischerweise waren zwei Jahre später die »fiesen Stoffhosen« wieder total in.)

Und dann passierte etwas Wunderbares: Je älter ich wurde, umso unwichtiger wurde es, was andere sagten. Es geschah unbewusst, aber offensichtlich gab ich mir irgendwann die Erlaubnis: Du darfst aus der Reihe tanzen. Du musst nicht so sein wie die anderen. Was sie über dich denken? Egal! Schluss mit vorauseilendem Gehorsam. Schluss mit »Das tut man nicht« – »Das darf man nicht« – »Das gehört sich nicht«. Dies war der Beginn einer Entwicklung, die mir ein hohes Maß an Lebensfreude verschaffte, aber mehr als das, sie führte dazu, dass ich zur Marke wurde.

Ja, das ist gigantisch: Je mehr ich als Autorin und Management-Trainerin mein eigenes Profil entwickele, umso erfolgreicher werde ich. Je mehr ich mich traue, so zu sein, wie ich bin, das zu sagen, wovon ich überzeugt bin, umso aufmerksamer werden andere auf mich. Weil

ich mich von anderen unterscheide, werde ich als Red-
nerin engagiert. Weil ich provoziere, hört man auf mich.
Weil ich zu meiner Meinung stehe, werde ich akzeptiert.
Nachdem das in Frauenkreisen schon lange so war, erlebe ich jetzt, dass auch immer mehr Männer auf mich
aufmerksam werden. Sie wollen hören, was ich zu sagen habe, sie möchten meine Sicht der Dinge erfahren.
Sie lassen mich über die Unmenschlichkeit des heutigen
Business sprechen und über »Führen mit *Seele*«. Die Resonanz ist umwerfend. Was für eine Entwicklung! Und
wie viel Angst hatte ich davor.

Mein Profil wird mit den Jahren immer einzigartiger.

Was ich in den letzten Jahren gelernt habe: Aus der Reihe tanzen heißt auch, dem eigenen Gefühl zu vertrauen.
Nicht immer auf andere vermeintliche Experten zu hören. Wenn Sie dieses Buch als Hörbuch genießen, merken sie, dass ich den Text selber spreche. Und vielleicht
freuen Sie sich darüber, mich live zu erleben. Als die ersten Hörbücher von mir herauskamen, ließ ich mich noch
von Fachleuten beraten: »Nein, Autoren können ihre
Texte nicht selber sprechen. Da braucht es professionel-
le Sprecher. Wir haben da gute.« Das mag sein. Was ich
allerdings immer wieder als Feedback bekommen habe:

»Ach, wie schade, Frau Asgodom, ich dachte, ich höre Sie auf der CD.« Produktenttäuschung nennt man das. Das Blöde daran: Ich dachte von Anfang an, es wäre besser, es selbst zu sprechen. Aber ich habe mich überzeugen lassen. Was ich daraus gelernt habe: Vertrau deinem Gefühl. Und setz dich durch.

Das gilt auch für Themen. Als ich das Thema »Führen mit *Seele*« entwickelte, haben manche Kollegen mild gelächelt. Ja, ja, schönes Thema, aber die Wirtschaft wird das niemals annehmen. Geschäftsführer, CEO's, gestandene Manager … »Denen willst du mit so einem Softie-Thema kommen?«, hörte ich. Ich stellte die Vortragsausschreibung trotzdem auf meine Homepage. »Schadet ja nichts«, dachte ich. Und was geschah: Das Thema knallte durch. Mittelständische Unternehmen ließen mich damit auf ihr Management los. Banken baten mich, ihre Top-Manager zu provozieren. Ich bekam begeisterte Mails der Zuhörer: »Danke für die wichtigen Anregungen.« Heißt: Vertrau deinem eigenen Gefühl! Und es heißt auch: Bekenne dich zu deiner Einzigartigkeit. Du bist anders als andere? Halleluja! Du denkst anders, fühlst anders, handelst anders? Sei stolz darauf. Vielleicht mögen die anderen nicht immer unsere Sichtweise, unsere Art, aber wir werden wahrgenommen und bekommen meistens sogar Respekt dafür.

Rita, 44, ist Bürgermeisterin einer 10 000-Seelen-Gemeinde, in der bisher immer eher konservativ gewählt wurde. Wie schaffte sie es, als erste Frau gewählt zu werden? »Ich musste ja nicht unbedingt das Amt haben. Ich habe in jeder Veranstaltung gesagt, wovon ich überzeugt bin, habe klar meine Meinung vertreten, hatte nichts zu verlieren.« Sie wurde mit großer Mehrheit gewählt und hat den Amtsinhaber vom Thron gestoßen.

Um ehrlich zu sein: Nicht immer wird man für Mut belohnt, manchmal wird man auch abgestraft, wenn man laut und deutlich die Wahrheit sagt. Aber was ist die Alternative: kuschen, sich anpassen, sich klein machen?

»Dein Kleinmachen dient nicht der Welt«, heißt es in einem wunderbaren Gedicht der südafrikanischen Schriftstellerin Marianne Williamson. Und weiter: »Es zeugt nicht von Erleuchtung, sich zurückzunehmen, nur damit sich die Menschen um dich herum nicht verunsichert fühlen … Wenn du von deiner eigenen Angst befreit bist, befreist du damit auch andere.«

Frauen, die aus der Reihe tanzen, schütteln Gewohnheiten und Klischees ab, eröffnen ihren Spielraum, weiten Grenzen, erobern die Welt. Sie leben mit Alternativen, gehen lustvoll neue Wege. Fallen durchs Raster – in die Freiheit.

Bevor ich dieses Kapitel begann, zog ich eine Tarotkarte: »Was wird die Kernbotschaft sein?« Sie kennen vielleicht Tarotkarten, eine wunderbare Möglichkeit, über Dinge nachzudenken, Assoziationen zu entwickeln, Situationen zu reflektieren. Aber es ist mehr als das: Warum auch immer, nach meiner Erfahrung kommt immer die »richtige« Karte. Ich habe noch nie erlebt, dass die Karte, die ich gezogen habe, nicht gepasst hat. Nun könnte man sagen, na klar, man denkt sich alles zurecht. Ich verstehe die Skepsis, hatte sie selbst. Heute weiß ich, es ist anders. Es hat mich übrigens ziemliche Überwindung gekostet, zu meiner Arbeit mit Tarotkarten zu stehen. Ich sehe noch die Gesichter intellektueller Freunde, den Ekel darin. Wie schnell ist man in der Esoterikecke, wird als Spinnerin belächelt. Na, dann ist es so.

Kurz gesagt: Ich zog eine Karte. Und welche kam? Natürlich, der »Narr«. Es gibt keine passendere Karte zu diesem Kapitel. Der Narr steht für spielerische Leichtigkeit, für kindliches Vergnügen, für Spontaneität und Verrücktheit, für Schalk im Nacken und fröhliche Ehrlichkeit. Er macht Mut, Dinge auszuprobieren, mit der Gewissheit, dass dies nicht wirklich gefährlich enden wird. Hier ein Auszug aus meinem bevorzugten Deutungsbuch[11]: »Der Narr verkörpert das Staunen, mit dem nach Platon alle Erkenntnis beginnt. Er kann Ausdruck kindlicher Unbeschwertheit und geistiger Unreife sein oder Inbegriff tiefster Einsicht und wahrer Lebensklugheit. Er steht für die lebendige, freudig und unkompliziert gelebte Gemeinschaft, in der wir uns vorbehaltlos begegnen, immer bereit, den anderen neu zu entdecken und ihn mit seinen vielen Gesichtern zu erleben und lieb zu gewinnen.«

Ich gönne mir Verrücktheiten und Narreteien.

Die Karte des Narren beinhaltet die Gewissheit, geführt zu werden. Sie vermittelt ein tiefes Vertrauen in diese Welt. Und die Erlaubnis, mich auszuprobieren, Grenzen zu sprengen. »Wenn ihr nicht werdet wie die Kinder ...« steht schon in der Bibel. Aus der Reihe zu tanzen beinhaltet auch, an Wunder glauben zu dürfen. Sich aus den Fesseln von Bewiesenem und Akzeptiertem zu befreien.

Heute ist Samstag, der 4. November 2006. Ich habe am frühen Morgen angefangen, dieses Kapitel zu schreiben. Gegen 10 Uhr 30 hatte ich die ersten drei, vier Seiten fertig. Und saß am Computer, um E-Mails zu beantworten, die sich diese Woche angesammelt hatten. Da hörte ich in »Bayern3« das Tageshoroskop von Leslie Rowe, einer Münchner Astrologin, die ich einmal persönlich kennen- und schätzen gelernt habe. Und was sagt sie just in diesem Moment im Radio über das Sternzeichen Krebs? »Sie werden heute durch den Tag tanzen, auch wenn es vormittags noch einige Ablenkungen geben wird.« Ich bin Krebs, sitze da und beantworte gerade E-Mails, anstatt weiter am Kapitel »Ich darf aus der Reihe tanzen« zu schreiben.

Ich verstand den kleinen Wink des Schicksals (danke Leslie) und wandte mich wieder konzentriert meinem

Manuskript zu. Andere sagen jetzt vielleicht: reiner Zufall. Kann sein. Ich glaube es nicht. Natürlich ist das, was ich glaube, was ich nicht glaube, meine Privatangelegenheit. Aber je älter ich werde, umso mehr traue ich mich, dazu zu stehen. Ich glaube an Intuition, und je mehr ich mich darauf verlasse, umso besser gehen die Dinge. Ich glaube an sinnvolle Zufälle, ich erlebe es immer häufiger. Ich glaube an Bestimmung. Ich glaube an Fügung. Denn es fügt sich so viel in meinem Leben.

Ich ziehe nicht missionierend durch die Welt und versuche, andere davon zu überzeugen. Ich habe nicht die ewige Wahrheit gepachtet. Ich habe nur meine Erfahrungen, meine eigenen Schlüsse gezogen. Ich halte aber auch nicht mehr damit zurück, nur weil jemand denken könnte, die Asgodom spinnt. Ich bin immer wieder fasziniert, mit welcher selbstverständlichen Überzeugungskraft andere ihre Erfahrung und ihre »Wahrheit« als die einzig richtige verkaufen.

Neulich hörte ich eine zauberhafte Geschichte: Eine ältere Dame namens Elisabeth stand kurz vor ihrem 90. Geburtstag. Ihre Tochter zeigte ihr die Liste der Gäste, die sie zur Feier eingeladen hatte. Und was sagte die alte Dame: »Den will ich nicht dabeihaben, die auch nicht, den nicht und die nicht ...« Elisabeth blieb trotz Protesten ihrer Familie dabei, und so musste die Tochter fünfundzwanzig der fünfzig bereits eingeladenen Gäste wieder ausladen. Wie peinlich! Aber was sagte die Jubilarin fröhlich: »Ich bin jetzt alt genug, ich möchte endlich nur noch mit Menschen zusammen feiern, die ich wirklich mag.« Chapeau!

Jede von uns ist alt genug zu entscheiden, was wir anziehen, wie wir uns die Haare schneiden oder färben lassen, wie unser Vorgarten aussieht und ob wir laut lachen. Beobachten Sie einmal Frauen, die sich diese Freiheit nicht nehmen. Immer korrekt, immer kontrolliert, immer angepasst, immer die Klappe haltend und immer in der Angst, nur nicht unangenehm aufzufallen.

Noch nie in der Geschichte waren Frauen in Mitteleuropa so frei wie heute. Wir haben Wahlrecht und die Möglichkeit, jeden Beruf auszuüben, wir dürfen studieren, uns selbstständig machen, den Mann heiraten, den wir lieben. Wir entscheiden, ob wir ein Kind bekommen, zwei, viele oder keine Kinder. Aber es gibt eine neue Unfreiheit, und die heißt Konformismus. Sie zeigt sich in Moden, die angesagt sind, In- und Out-Listen, in dem Stempel »Spießer«.

Früher musste man sich der Moral, Zwängen und Normen unterwerfen. Heute heißt das Styling, Karriere und Gruppendruck. Alle in deinem Bekanntenkreis finden Duftlampen »aber so was von gestern«? Na und? Her mit Zimt und Bergamotte. Alle in der Straße haben einen Carport? Nein, du musst keinen haben. Alle in deinem Bekanntenkreis haben längst die Hollywood-Schaukel verschrottet? Na und? Schaukel, solang du willst. Alle fahren im Urlaub in die »Domrep«? Nein, du darfst nach Usedom. Alle haben einen elektronischen Palm, in dem sie mühsam Termine eintragen? Na und? Steh zu deinem Papierkalender. Alle kriechen dem Abteilungsleiter … Nein, nein, nein, musst du nicht!

Ich höre nicht auf Spielverderber.

Ich finde es übrigens gar nicht so schlimm, in manchem ein Spießer zu sein! Ich bin konservativ, muss nicht immer das neueste Handy haben, brauche auch keinen Plasma-XXL-Bildschirm. Hänge an Altem, Bewährtem. Juhu. Ein Beispiel: Ich arbeite in Seminaren immer noch mit Folien. Fragt mich neulich eine Kollegin: »Aber warum benutzt du denn keinen Laptop und Beamer, Folien sind doch so was von überholt.« Warum? Weil ich es so möchte. Weil ich es praktisch und hilfreich finde. Weil ich mein Augenmerk lieber auf die Teilnehmer richte als auf meine »Performance«. Wenn das altmodisch ist, dann bin ich eben altmodisch.

Freiheit ist unteilbar. Ihre Säulen sind Selbstverantwortung und Selbstbestimmung. Ihre Basis ist Selbstvertrauen. Meine Beobachtung: Mit wachsendem Selbstvertrauen wächst die Freiheit, gegen das Übliche zu leben. Mit der Selbstbestimmung wird das Leben bunter, aufregender, fröhlicher. Mit Selbstverantwortung lösen sich

die Kugeln der Konformität an den Füßen, und wir bekommen die Leichtigkeit zum Tanzen.

Wenn Sie die Kugel noch manchmal spüren, hilft vielleicht folgende kleine Übung: Schreiben Sie doch mal
den alten Spruch »Was sollen denn die Nachbarn sagen«
auf einen Zettel und zerreißen Sie ihn dann genüsslich
in winzig kleine Schnipsel. Wenn Sie mögen, verbren-
nen Sie die Schnipsel, oder lassen Sie sie im Wind fliegen oder in einem Bach davonschwimmen. Ab sofort ist
es nicht mehr ganz so wichtig, was die Nachbarn oder
Bekannte oder die Familie denken. Sie bestimmen nicht
unseren Geschmack und unsere Entscheidungen. Und
wenn sie es nicht aushalten können, wie wir sind, dann
ist das ihr Problem. Übrigens: Wussten Sie, dass Exzent-
riker länger leben? Wird einen Grund haben.

Das bedeutet nicht, sozial unverträglich zu werden.
Sich auf Kosten von jemand anderem zu verwirklichen.
Aber es heißt, die falsche Rücksichtnahme abzulegen, die
uns von Kindesbeinen an bremst. »Spinn doch nicht so
rum«, wie oft haben wir diesen Satz gehört. Er ist der
Kreativkiller Nummer eins. »Schäm dich«, ein weiterer
hässlicher Erziehungssatz, ist der klassische Selbstach-
tungskiller. Was Frauen alles peinlich ist: etwas vermeintlich Dummes gesagt zu haben, ein Fleck auf der Bluse,
mit fremden Leuten Smalltalk machen zu müssen; neben dem Chef im Aufzug zu stehen. Oder: die falschen
Schuhe zu tragen. Sie glauben mir nicht?

Ich streiche »peinlich« aus meinem Vokabular.

Letztes Jahr im Sommer fahre ich in einem Bus vom Flughafen in ein Urlaubsparadies an der türkischen Riviera, in dem ich für eine deutsche Firma einen Vortrag halten soll (habe ich nicht ein schönes Leben?!). Hinter mir sitzen zwei Ehepaare. Sie unterhalten sich lautstark, so dass ich alles mitbekomme.

Die eine Frau erzählt der Freundin Folgendes: »Du, ich habe mir ein entzückendes Sommerkleid gekauft. Dunkelbraun mit bunten Rosen darauf. Wun-der-schön.«

»Ui«, freut sich die andere, »ziehst du das heute Abend gleich an?«

»Nein«, antwortet die erste, »ich habe keine passenden Sandalen dazu gefunden. Deshalb habe ich es gar nicht erst eingepackt.«

Wie bitte? Klar, ich fahre in den Sommerurlaub, kaufe mir dafür ein Sommerkleid, nehme es aber nicht mit, weil ich keine *passenden* Sandalen dazu finde? Also, das muss man nicht verstehen, oder? Wie wäre es mit schwarzen Sandalen dazu gewesen oder roten oder gelben oder weißen, oder Barfußlaufen oder darauf vertrauen, dass es in der Türkei tatsächlich auch Schuhe zu kaufen gibt und vielleicht sogar ganz schön preiswert …?

Was machen wir eigentlich mit uns? Gehen nicht tanzen, weil da nur »junges Gemüse« rumtanzt? Hüllen uns bei 30 Grad Hitze in Zweimannzelte, nur damit man unsere dicken oder schlaffen Oberarme nicht sieht? Lächeln verhalten, weil eine Dame kein meckerndes Lachen haben darf? Ziehen unsere superbequemen Leggings nicht mehr an, weil Leggings out sind? Verbieten uns selbst, in der Kirche laut mitzusingen, weil uns mal jemand gesagt hatte, es wäre peinlich, wie laut wir singen? (Ich persönlich glaube, dass es Gott ziemlich egal ist, wie gut oder laut ein Mensch singt, vielleicht sogar, ob er überhaupt singt.)

»Ich darf aus der Reihe tanzen« ist die große Erlaubnis für mich selbst, spontan sein zu dürfen und übermütig. Nach zwei Glas Sekt mit Freundinnen über jede Albernheit zu kichern. In einer fremden Stadt durch einen Springbrunnen zu laufen. Auf einer Familienfeier die Schuhe wegkicken und Twist tanzen, bis die Knie jaulen. Sich mit einem kleinen Laden selbstständig machen und das verkaufen, was einem selbst gefällt. Sich einen Schal umwerfen und ins Fußball- oder Eishockeystadion gehen. Und schreien natürlich, laut schreien.

Laut werden heißt auch Farbe bekennen. Wer sich erlaubt, aus der Reihe zu tanzen, traut sich auch zu widersprechen, wenn Leute Meinungen äußern, die zum Widerspruch reizen. Alle hetzen gegen Ausländer? Da braucht es Schneid, dagegen zu reden. Alle motzen gegen einen Kollegen? Das braucht Standfestigkeit, um ihn in Schutz zu nehmen. Alle meckern über die Firma? Es braucht Zivilcourage, um sie zu verteidigen. Aus der Reihe tanzen heißt nicht nur einen lockeren Swing oder Cha-Cha-Cha aufs Parkett zu legen. Manchmal müssen wir einen großen Sprung über unsere Angst machen, um uns gegen eine Formation zu stellen. Und doch ist es ein gutes Gefühl. Der aufrechte Gang ist angesagt.

Bei der Arbeit für ein gemeinsames Buch[12] mit prominenten Frauen über 50 habe ich Bibi Johns kennen gelernt, immer noch bildschön mit weit über 70. Sie erinnern sich vielleicht noch an die blonde Schwedin als Sängerin. Seit 1997 ist sie mit einem jüngeren Mann verheiratet. Sie sagt: »Für Leute, die Jahre zählen, ist mein Lebensgefährte 40 Jahre jünger als ich. Zu sagen ich wäre als Frau 40 Jahre älter, würde vermutlich noch skandalöser klingen. War ich mutig? Vielleicht lag es daran, dass uns die Musik stark verbindet, dass er sehr liebevoll ist, dass er romantisch ist, dass er mich in die spannende Welt der Computer und des Internets führt, dass er Ideale hat, dass er treu ist, dass er mich liebt ... Sollte ich auf all das verzichten, nur weil in diesem Fall der Mann der Jüngere ist? Ich musste lernen, dass eventuelles Gerede hinter meinem Rücken überhaupt nicht mein Problem ist.«

Das ist das Ziel: Dass uns das Gerede der anderen ebenfalls so einerlei ist. Dass wir tun, was wir möchten, und sagen, was wir wollen, dass wir unmöglich sein dürfen und meinetwegen auch peinlich.

Rosemarie, 64, lebt in einer norddeutschen Kleinstadt, sie sammelt Hüte. Sie liebt Hüte. Wo immer sie einen schicken Hut sieht, muss sie ihn kaufen. Inzwischen hat sie mehr als fünfzig Hüte, alle Farben, alle Größen, alle Formen, von der kleinen Kappe bis zum Prachthut für Pferderennen. Wissen Sie, wo Rosemarie ihre Hüte trägt? Zu Hause. Fragt man sie, warum, bekommt man zur Antwort: »Ach, hier in Deutschland kann man doch keine Hüte tragen.« Ei, warum nicht? »Meine Kinder halten mich doch für verrückt.«

Ich befreie mich aus der Sklaverei der Konventionen.

Wir können uns zur Sklavin von Konventionen machen, wir können aber auch unsere eigenen Gesetze aufstellen. Wir können im Gleichschritt marschieren oder aus der Reihe tanzen. Glaubt mir, es gibt keine Geschmackspolizei, die uns aus dem Verkehr zieht, wenn wir die falsche Musik hören oder eine Fototapete im Wohnzimmer haben. Es gibt keine Lachpolizei, die unser Grölen in Dezibel misst und uns einen Maulkorb verpasst. Frauen, rührt euch! Traut euch, unbequem zu sein, eigensinnig, überraschend und verträumt. Macht doch einfach, was ihr wollt.

Hört dabei um Himmels willen nicht auf eure Kinder. Kinder schämen sich meistens für außergewöhnliche

Mütter. Ich erinnere mich, dass ich einmal für einen Artikel einen Porsche Probe gefahren habe. Meine damals 15-jährige Tochter verbot mir unter Androhung sofortigen Auszugs, sie mit dem Auto an der Schule abzuholen. »Mami, das ist doch peinlich.« (Heute ist sie 26 und hätte, glaube ich, nichts gegen einen schnellen Wagen.)

Nehmt keine falsche Rücksicht auf Verwandte, Nachbarn, Freunde. Wenn die Hecke nicht gestutzt ist, können wir den Sommer im Garten nicht genießen? Wenn die Fenster nicht geputzt sind, laden wir niemanden zum Kaffee ein? Wenn wir keine Zeit für ein fünfgängiges Witzigmann-Menü haben, lassen wir unseren Geburtstag ausfallen? Noch schlimmer: Wenn wir arbeitslos sind, kappen wir die Kontakte zu Freunden und Bekannten? Hallo, aufwachen, das Leben wartet!

Ihr setzt die Maßstäbe, niemand sonst. Löst euch aus dämlichem Konkurrenzkampf: Wer ist die Hausfrau des Jahres? Wer die flotteste Mitarbeiterin? Wer die fehlerloseste Mutter? Wer die gelackteste Inneneinrichterin? Protestiert, wenn Modemacher behaupten, Grau sei das neue Schwarz, und uns die Farben klauen. Protestiert, wenn es nur noch spitze Schuhe gibt, aber eure Füße anders gebaut sind. Protestiert, wenn prominente Spätgebärende euch einreden wollen, das wahre Glück der Frau läge nur in der Küche (was muss man getrunken haben, um so einen Mist zu verzapfen?).

Lebt kein Viertel-Leben, sondern das volle Programm.

Steckt eure Freundinnen mit eurem Übermut an. Ihr habt nur dieses eine Leben. Und vertraut darauf: Je älter ihr werdet, umso ungezügelter dürft ihr sein. »Versponnen« nennt man das dann. Oder »kauzig«. Jawohl. Aber fangt nicht erst mit neunzig an, euer Leben zu leben. So eine kauzige Vierzigjährige kann ganz schön Spaß haben! »You can't tango through life – but you deserve more lilacs and lovenotes« hieß mal ein Spruch, den ich in einer amerikanischen Zeitschrift gefunden habe. Lassen Sie ihn mich frei übersetzen: Das Leben ist nicht nur ein Tanz, aber du darfst Spaß und Sinnlichkeit haben. Und statt im Gleichschritt darfst du aus der Reihe tanzen. Solo oder mit anderen zusammen. Let the music play!

8.

Ich darf »Nein« und »Ja« sagen

Freiheit ist vor allem Entscheidungsfreiheit. Ich darf Ja oder Nein sagen, wenn ich etwas möchte oder nicht möchte. Noch einmal in Großbuchstaben: ICH DARF NEIN SAGEN! Warum betone ich das so sehr? Weil die meisten Frauen Probleme damit haben. In meinen Durchsetzungs-Seminaren ist die Haupterwartung der Teilnehmerinnen: »Nein-Sagen lernen«. Und zwar im Beruf und im Privatleben. Sie trauen sich nicht, anderen Grenzen zu setzen. Sie trauen sich nicht, bei Arbeitsüberlastung Stopp zu sagen. Sie lassen sich mehr und mehr Aufgaben aufhalsen. Und warum das alles? Frauen möchten so wahnsinnig gern von allen lieb gehabt werden. »Das ist eine Nette!« ist das größte Kompliment.

Ich versuche immer wieder, ihnen klarzumachen, dass es gerade im Job nicht darum geht, lieb gehabt zu werden, sondern Respekt zu bekommen. Und das gilt, neben dem Liebgehabtwerden, im Privaten genauso. Wunderbar, wenn wir liebevoll und aufmerksam, zuvorkommend und mitfühlend, sorgend und verantwortungsbewusst sind. Bitte bleiben Sie so. Aber daneben brauchen wir die Kraft, Grenzen zu setzen. Was passiert, wenn wir das nicht schaffen? Wir fühlen uns als Opfer, ausgenutzt, benutzt, der DVD, also der »Depp vom Dienst«, wie mal jemand sagte. Und die anderen testen aus, wie weit sie gehen können, wenn wir immer weiter zurückweichen. Besonders Kinder.

Um mehr vom Leben zu haben, müssen wir lernen, Nein zu sagen, wenn es die richtige Entscheidung ist. Warum lernen? Weil wir es oft nicht gelernt haben. In meiner Generation haben Kinder nicht widersprochen. Eltern herrschten und Kinder gehorchten. Kleine Mädchen durften nicht Nein sagen, wenn sie Tante Elsbeth und Onkel Hans küssen mussten. Sie gingen in ihr Zimmer, wenn man sie in ihrem Zimmer haben wollte. Sie zogen das an, was die Eltern gut fanden. Es wurde getan, was von den Erwachsenen verlangt wurde. Sei brav, sei lieb, sei still. Wenn ich nachfrage: »Welche Diskussionskultur haben Sie in der Kindheit gelernt?«, ernte ich Lacher. »Welche Diskussionskultur? Bei uns wurde nicht diskutiert. Die Eltern haben gesagt, wo es langgeht, und basta.«

Manchmal haben wir Guerillataktiken gelernt: haben die süße Kleine gemimt, die Papa um den Finger wickeln konnte, oder haben uns mit unserer Mutter verbündet. Wir sind durch das Kinderzimmerfenster geklettert, wenn wir Hausarrest hatten, und haben uns am Abend die Strafe abgeholt. Wir haben uns vor dem Einschlafen ausgedacht, wie sehr unsere Eltern weinen würden, wenn wir plötzlich tot wären: »Das hätten sie dann davon!« Manche wurden zu Rebellinnen. Aber die meisten haben ganz einfach aufgesteckt. Sie wurden die brave Tochter.

Ich befreie die brave Tochter in mir.

Und blieben es manchmal ein halbes oder ganzes Leben lang. In ihrem Büro, als verdienstvolle Mitarbeiterin, als »gute Seele« der Abteilung, ja sogar als Vorgesetzte, die sich von ihren Mitarbeitern die Arbeit zurückdelegieren lässt. Im Privatleben als gute Gattin, milde Mutter, treue Tochter und nette Nachbarin. Absolut liebenswert. Die Stütze der Gesellschaft.

Könnte paradiesisch sein. Wenn, ja wenn da nicht so ein Gefühl in uns wäre, das bitter schmeckt. Wenn man sich das näher ansieht, dann entpuppt es sich als die Frage: »Und wo bleibe ich?« Diese Bitterkeit wird sichtbar, in Kummerfältchen und trüben Augen, in spitzen Bemerkungen über andere und Missgunst. In ewiger Selbstkontrolle, in unterdrücktem Hass. Leider bei Frauen in nach innen gerichteter Aggression. Wir tun uns nichts Gutes, sind es uns nicht wert. Wir schätzen uns selbst weniger als andere. Wir tun Dinge nicht aus reinem Herzen, aus Liebe zu Menschen, sondern weil wir »ja müssen«.

Um aus diesem Gefängnis der braven Tochter herauszukommen, bedarf es eines einzigen Befreiungsakts, und der heißt: »Erkennen, was möchte ich?«. Schon beim Schreiben spüre ich Ihre mögliche Skepsis: Wen interessiert das schon? Das ist die Stimme der Resignation, die sich wie ein Dämmstoff auf die Seele gelegt hat. Sie erstickt den Schmerz, aber auch die Hoffnungen und letztendlich das Leben. Schieben Sie diese zähe, weiche, dämpfende Schicht zur Seite, und schauen Sie, welche kantigen Erwartungen darunter noch glühen. Sie finden vielleicht ein zartes »Ich möchte Freude«, ein verkümmertes »Ich bin wichtig«, ein fast ersticktes »Ich möchte leben, wie ich will.«

Ich möchte Ihnen Mut machen auf ein schönes Leben, auf ein selbstbestimmtes Leben. Auf ein Leben in Autonomie. Das heißt, auf ein lustvolles Leben. Die wahre Freiheit ist, sich Zwängen nicht beugen müssen, sondern selbst zu entscheiden: Mach ich oder mach ich nicht.

Gabriella, 36, kommt aus Tirol. Jetzt lebt sie in Bochum. Jeden Abend, wenn sie von der Arbeit kommt, ruft sie ihre Eltern an. Und das seit fünf Jahren. Jeden Abend. Lieb von ihr? Nein, die Eltern »erwarten« es. »Dabei kann ich es nicht mehr hören, mein Vater jammert mir nur von seinen Krankheiten vor. Und meine Mutter jammert dann über meinen Vater.« Und plötzlich bricht es aus ihr heraus: »Ich hasse diese Gespräche.« Sie weint fast.

Sie wäre so gern eine gute Tochter, aber sie fürchtet sich schon vor den Abenden, diesen Telefonaten. Ich schlage ihr vor, nicht mehr jeden Abend anzurufen. »Dann sind sie enttäuscht.« Ja, das mag sein. Die Frage ist aber: »Was ist uns unser Leben wert?« Die alte Frage: »Möchtest du Opfer oder Handelnde deines Lebens sein?«

Um nicht missverstanden zu werden, alles, was Sie freiwillig tun, ist wunderbar: sonntags zum Essen zu den Eltern fahren; regelmäßig anrufen; in einem Haus zusammen wohnen; jeden Abend nach der Arbeit bei ihnen vorbeischauen; jeden Urlaub gemeinsam verbringen; sie pflegen; sofort anrufen, wenn man irgendwo angekommen ist. Was wir aus Liebe tun, ist immer gut. Weil es mit einem ehrlichen und freudigen »Ja« getan wird. Und niemand sollte uns das ausreden. Das gilt für den Umgang mit unseren Partnern, Kindern, Kollegen oder Freundinnen ganz genauso.

Ich werde die Handelnde meines Lebens.

Und jetzt kommen wir zum »Aber«. Wenn wir es nicht reinen Herzens, sondern gezwungenermaßen tun, erzeugt es Stress, schlechte Gefühle wie Bitterkeit, unterdrückte Aggression. Reinhard Sprenger, Trainerkollege und Buchautor, hat folgende einfache, aber zutreffende Definition gefunden: Stress entsteht, wenn wir »Nein« denken und »Ja« sagen. Und dieser sogenannte Dis-Stress macht unzufrieden, er schwächt uns und macht leider auf Dauer auch krank, wie man inzwischen weiß. Er erzeugt Schatten auf der Seele, raubt uns die Lebensfreude und Lebenskraft. Das bedeutet, wenn wir mehr Leichtigkeit und Freude in unser Leben bekommen wollen, können wir uns entscheiden: entweder im Denken zu einem klaren Ja kommen und die Dinge tun – oder Nein sagen. Die Unzufriedenheit dazwischen zerreißt uns.

Das heißt im Fall von Gabriella: Entweder sie ruft ihre Eltern jeden Abend weiter an und macht es freiwillig, weil sie ihr das wert sind. Oder sie sagt ihren Eltern: Liebe Leute, lasst uns einen anderen Rhythmus finden. Ich rufe euch in Zukunft zwei Mal die Woche an. Bitte habt Verständnis, dass ich auch ein eigenes Leben führe. Sofort schlang sich die Angst um Gabriellas Herz: »Dann werden sie enttäuscht sein.« Ja, das ist der Preis.

Ich werde nicht müde zu verkünden: Alles hat einen Preis, brav sein hat einen, sich abnabeln hat einen. Ja sagen hat einen und Nein sagen auch. Meinen Wünschen zu folgen hat einen, denen anderer zu folgen auch. Die Frage heißt: Was ist mir meine Entscheidung wert? Wozu verpflichte ich mich freiwillig? Und was möchte ich nicht mehr tun? Das bedeutet für mich erwachsen zu sein oder zu werden.

Eine kleine Übung dazu: Machen Sie doch einmal eine Liste mit allen Verpflichtungen, von denen Sie normalerweise sagen: »Ich muss …« Also: Ich muss arbeiten, ich muss einkaufen, ich muss kochen, ich muss putzen, ich muss mich um meine Kinder kümmern, ich muss den Garten machen, ich muss pünktlich sein, ich muss dies oder das aushalten … Schreiben Sie alles auf, was Ihnen einfällt. Manchmal senken sich unsere Schultern unter diesen vielen Zwängen. Keine Angst, wir kommen da gleich wieder heraus.

Jetzt nämlich legen Sie einen zweiten Zettel daneben und schreiben für jeden »Ich muss «-Satz »Ich entscheide mich … dies oder das zu tun.« Also zum Beispiel: »Ich entscheide mich zu arbeiten« – »Ich entscheide mich zu kochen« und so weiter. Merken Sie, wie Ihre Schultern sich straffen, wie Sie in die Selbstbestimmungszone kommen? Jetzt kommen Sie in die Welt der Handelnden. Denn statt jedem »Ich entscheide mich« könnten Sie auch sagen »Ich entscheide mich, es nicht zu tun.« Freiheit ist da. Der Weg zu einem klaren Ja im Denken ist offen. Oder der zu einem konsequenten Nein.

Ich kenne eine Frau, die ich zutiefst bewundere. Nennen wir sie Clara, 50. Sie hat einen sehr erfolgreichen Job aufgegeben, hat ihre traumhafte Wohnung in München untervermietet und ist zu ihren Eltern ins Rheinland gezogen, um diese zu pflegen. Ich konnte es gar nicht fassen, als sie mir von ihrem Entschluss erzählte. »Aber du kannst doch nicht …« war meine erste Reaktion. Und sie erklärte mir mit ihrer Samtstimme: »Sie sind alt, sie sind beide krank, und sie brauchen mich. Weißt du, meine Eltern haben mir im Leben so viel Gutes gegeben. Ich möchte ihnen jetzt etwas davon zurückgeben. Solange ich es kann.« Ein klares, warmherziges, liebendes, freiwilliges Ja. Ein besseres Beispiel gibt es nicht dafür, was ich Ihnen klarmachen möchte. Clara hat sich entschieden, nicht als Opfer, sondern als Handelnde. Weil sie es wollte, nicht weil es jemand von ihr erwartet hätte. Das ist die Freiheit, die ich meine.

Wenn ich von einer Frau mit jammerndem Tonfall höre: »Ich muss ja wegen der Kinder …«, werde ich gerne provozierend und sage: »Müssen Sie doch nicht, Sie können doch die Kinder ins Heim geben.« Mit weit aufgerissenen Augen sagen die Mütter dann immer: »Aber das kann ich doch nicht.« Möglichst ungerührt sage ich dann: »Warum nicht, andere machen das auch?« Dann kommt die empörte Reaktion: »Aber das will ich doch nicht.« Bingo. Diese Antwort wollte ich hören. Wir haben uns für unsere Kinder entschieden, also brauchen wir ihnen das nicht zum Vorwurf machen. (Ich meine das wirklich nicht ernst mit dem Heim, glauben Sie mir!)

Mal unter uns: Ich finde ja auch, dass Partnerschaft eine tägliche Entscheidung ist. Für alle, die einen Partner haben, heißt doch die entscheidende Frage: Möchte ich morgens als Erstes dieses Gesicht neben mir sehen, wenn ich aufwache? Stimmt doch, oder? Ist die Antwort ja – küssen Sie es. Freuen Sie sich, und zeigen Sie dem Menschen neben sich, wie glücklich Sie darüber sind. Ja zu sagen ist eine tägliche Liebeserklärung. Oder wie es die Sängerin Stefanie der Band Silbermond so zauberhaft singt: »Du bist das Beste, was mir je passiert ist. Ich bin so froh, dass es dich gibt …« Schwelg.

Heißt die Antwort der Morgenfrage allerdings Nein, haben Sie ein Problem. Und für das gibt es mehrere Lösungen. Die erste: Sie wechseln die Schlafposition, so dass Sie das Gesicht nicht als Erstes sehen. Die zweite: Sie entscheiden sich doch für getrennte Schlafzimmer. Die dritte: Sie beginnen die lang angedachte Paartherapie. Die vierte: Sie geben diesem Menschen neben sich die Chance, noch einmal jemanden zu finden, der ihn wirklich liebt. Geben Sie zu, eine geniale Formulierung. Habe lange daran gearbeitet. Und sie stimmt.

Im Ernst: Es gibt nichts Öderes, als mit einem Menschen nur zusammenzuleben, weil man vor Jahren mal ein gemeinsames Haus gebaut hat oder weil er ein ganz gutes Einkommen hat oder den Müll heiraus trägt oder oder oder … Was eine gute Partnerschaft braucht, hat die Paartherapeutin Gabriela Schmid-Kloss[13] erforscht. Nach ihrer Studie sind die Grundlagen einer langen glücklichen Ehe:

- Positive Gefühle füreinander wie Liebe, Zugehörigkeit, Vertrauen
- Miteinander reden, sich über alles austauschen, immer ein gemeinsames Thema haben
- Unterstützung und Wertschätzung, sich gegenseitig helfen, Respekt und Verständnis
- Zeit miteinander verbringen, heißt auch, Interesse aneinander zu haben
- Zusammenhalten und sich nicht von anderen beeinflussen lassen
- Übereinstimmung in Interessen und Wertevorstellungen
- Humor.

Sie kennen vielleicht das Paretoprinzip, auch 80-20-Prinzip genannt. Danach passt selten etwas zu hundert Prozent. Es gibt nicht den idealen Partner, die idealen Kinder, den idealen Job, das ideale Unternehmen … Die zwanzig Prozent, die uns nicht so gut gefallen, sind der Preis für die achtzig Prozent Zufriedenheit. Die berühmten Socken auf dem Boden sind der Preis für den ansonsten liebevollen Partner, die Ablage ist der Preis für die ansonsten befriedigende Arbeit. Schwierig wird es, wenn sich die Grenze in Richtung fünfzig-fünfzig verschiebt. Dann kommt irgendwann der Punkt, an dem die Stimmung umschlägt und der Preis zu hoch wird. Und dann werden wir gezwungen, Nein oder Ja oder trotz alledem zu sagen.

Meine Erfahrung ist, dass nur jemand aus vollem Herzen Ja sagen kann, der auch Nein sagen kann. Das gilt genauso im Beruf: Wir haben uns für einige Dinge verpflichtet, als wir uns haben anstellen lassen, als wir unseren Arbeitsvertrag unterschrieben haben, als wir einen Kundenauftrag angenommen haben, als wir uns auf eine Arbeitsplatzbeschreibung geeinigt haben. Und zu denen müssen wir Ja sagen – oder etwas verändern! Darüber hinaus gibt es die täglichen kleinen Anlässe, bei denen wir uns ad hoc entscheiden müssen.

Wenn ich Nein sagen kann, kann ich auch aus vollem Herzen Ja sagen.

Sie kennen vielleicht den amerikanischen Ausdruck »Love it, change it or leave it«, also »Entweder du magst deinen Job, du veränderst etwas oder du gehst.« Ich drehe ihn gern um:

1. Wenn du nicht da sein willst, wo du bist, dann versuche zu gehen. Schau dich nach etwas anderem um, suche eine Alternative, eine neue Chance (und lass dir nicht einreden, dass es keine Chancen gibt).
2. Wenn das nicht geht oder du die Alternativen nicht attraktiver findest, dann bleib. Akzeptiere grundsätzlich die Situation, und versuche das

zu ändern, was dich stört. Sei mutig und versuche dein Bestes.

3. Wenn du nicht gehen und nichts verändern willst, dann bekenne dich zu deiner Situation, wie sie ist. Sag Ja zu deinem Unternehmen, Ja zu deinen Vorgesetzten, Ja zu deinen Aufgaben. Wenn du das nicht kannst, gehe zurück zu Punkt eins.

Warum ist es oft so schwer, etwas zu ändern, Nein zu sagen zu Dingen, die uns stören? Ich vergleiche Gewohnheiten gern mit Omas Federbetten. Erinnern Sie sich noch, wie Sie als Kind mal bei den Großeltern oder einer Tante übernachtet haben, die noch diese schweren Federbetten hatten? Diese Decken lagen wie Beton auf uns Kindern, hielten aber auch kuschelig warm. Gewohnheiten sind wie diese. Sie lasten zwar auf uns, bieten aber auch ein Maß an Sicherheit. Und wenn wir die zur Seite schieben, wird es erst mal kalt und ungemütlich. Also bleiben wir doch lieber in der engen warmen Höhle, als etwas zu riskieren. Wie der Volksmund sagt: »Lieber die bekannte Hölle als der unbekannte Himmel.«

Die amerikanische Schriftstellerin Amy Tan[14] schrieb einmal: »Wenn du dein Schicksal nicht ändern kannst, dann ändere deine Einstellung.« Wir kennen das alle, manchmal sind wir nicht bereit, Dinge zu verändern, wir haben vielleicht nicht die Energie dazu, die Vorteile überwiegen die Nachteile, es ist nicht der richtige Zeitpunkt, dann heißt es: Nimm das Leben an, so wie es ist. Das heißt aber auch: Maul nicht rum, mach es dir nicht noch schwerer, bekenne dich zu deiner Entscheidung. Oder, wie es der Psychotherapeut Bernd Ulrich Hohmann provokativ nennt: »Schluss mit dem ewigen Genöle, der Frauenkrankheit überhaupt.«

Die beste Medizin dagegen sind die Worte »Ich möchte«. Wenn wir werden wollen, die wir sind, dann gehören Entscheidungen dazu, Erwartungen an das Leben, Durchsetzungsstärke. Das musste auch Luisa, 34, lernen. Sie arbeitet als Produktmanagerin in einem Lebensmittelkonzern. Vor kurzem wurde ihr Kollege zu ihrem Vorgesetzten, gleiche Ausbildung, ähnliche Leistung. Als sie sich beim alten Chef, der selbst aufgestiegen war, darüber beschwerte, fragte der sie ganz entgeistert: »Ja, hätten Sie das denn auch werden wollen?« Was lernen wir daraus: Frauen Mitte 30 werden andere Ambitionen unterstellt (hübsch Kinder kriegen, halblang machen). Und: Wenn wir etwas wollen, müssen wir es auch signalisieren. Heißt: Ganz klar sagen, was wir uns vorstellen. Sie wollen Karriere machen? Schicken Sie eindeutige Signale an Ihre Vorgesetzten. Sie wollen andere Aufgaben? Schicken Sie klare Forderungen. Sie wollen halbtags arbeiten? Schlagen Sie eine Lösung vor. Sie wollen mehr Geld? Finden Sie überzeugende Argumente.

Frauen unterliegen dem Wahn zu glauben: Die müssen doch sehen, was ich hier leiste, und wissen, was ich will. Nein, tun »sie« nicht. Egal, ob Vorgesetzte, Kollegen, Gatten oder Kinder. Neulich erzählte mir Isabel, 37, eine Seminarteilnehmerin, folgende lustige Geschichte: Sie hatte abends noch zwölf Hemden für ihren Mann zu bügeln. Er lag schon im Bett und las. Sie ärgerte sich und startete eine Demo. Sie bügelte ein Hemd, ging ins Schlafzimmer, hing es in den Schrank. Ging wieder hinaus. Bügelte das nächste Hemd, ging ins Schlafzimmer … Und das zwölf Mal hintereinander. Als sie endlich ins Bett kam, sah ihr Mann kurz auf und fragte: »Was hast du eigentlich noch die ganze Zeit gemacht?« »Am liebsten hätte ich ihm das Bügeleisen übergezogen«, schäumte Isabel, konnte aber dabei schon wieder lachen. Die ganze Demo war für die Katz.

Welche Frage stellt sich als Erste: Warum bügelt sie überhaupt seine Hemden? Was ist die Quintessenz: Wenn du bügeln willst, bügle. Wenn du nicht bügeln willst, bügle nicht. Wenn du dich ärgerst, sag es. Das Thema Bügeln führt in Seminaren immer zu wilden Diskussionen. Es ist sicher nicht das Wichtigste auf der Welt, aber es ist offensichtlich sehr emotional besetzt. Alternativen, die von Teilnehmerinnen kamen:

- Bügelfrau einstellen
- Bügelfreie Hemden kaufen
- Jeder bügelt sein Zeug selbst
- Hemden in die Reinigung bringen
- Bei der Lieblingsserie bügeln.

Egal, wofür wir uns entscheiden, wir bestimmen, was wir tun. Wir geben uns die Erlaubnis dazu. Wir nehmen uns das Recht. Wir stellen Forderungen. »Wenn du mit mir zusammenleben willst, dann beachte …« »Wer das letzte Toilettenpapier genommen hat, holt eine neue Rolle.« »Wer den Tisch abräumt, stellt das Geschirr in die Spülmaschine.« Mein Gott, so schwer kann das doch nicht sein? Offensichtlich doch. Getrieben von einem übergroßen Harmoniebewusstsein scheuen Frauen die Auseinandersetzung, machen es dann doch lieber selbst. Merken unsere Lieben dies einmal, tritt sofort die »erlernte Hilflosigkeit« in Kraft: »Ich weiß nicht, wie das geht« – »Ach, das habe ich vergessen« – »Hab keine Zeit« – »Gleich«. Es hängt an uns, ob wir uns den schwarzen Peter immer wieder rüberschieben lassen oder ob wir sagen »Stopp«.

Gabi, 36, erzählt von einem ständigen Konflikt: Jeden zweiten Sonntag fahren sie vormittags zu den Schwiegereltern zum Essen. Ihr Mann macht sich sorgfältig fertig, sie zieht in der Zwischenzeit die beiden Kinder an, räumt noch schnell die Küche auf, putzt die Duschwanne, föhnt sich die Haare, holt den Kuchen aus dem Ofen, den sie rasch noch gebacken hat. Ihr Mann sitzt im Auto, hört Radio und wartet. Sie zieht sich an, packt noch die Pflanzenableger ein, die sie ihrer Schwiegermutter versprochen hat, schickt die Kinder schon mal raus, die gerade anfangen, sich zu streiten. Sie schließt die Fenster im ganzen Haus, nimmt auf dem Weg in den Keller noch schnell die Wäsche mit runter. Ihr Mann und die Kinder rufen aus dem Auto: »Mama, komm endlich.« Sie legt noch schnell Lippenstift auf. Beim Blick in den Spiegel kommt sie sich alt und müde vor. Endlich sitzt sie im Auto. Auf der Fahrt gibt es wegen der absehbaren Verspätung schon Streit. Beim Mittagessen sitzen die Eheleute feindselig schweigend nebeneinander … Alle vierzehn Tage geht das so. Da braucht es ein Stoppschild so groß wie ein Haus!

So könnte ab sofort Gabis Forderungskatalog aussehen:

- Ich möchte nicht alle zwei Wochen sonntags bei den Schwiegereltern essen.
- Als Alternative bietet sie ihrem Mann an: Fahr doch nachmittags mit den Kindern zu Oma und Opa. Dann habe ich auch mal ein bisschen Zeit für mich.
- Wenn wir fahren, müssen alle mithelfen, dass wir rechtzeitig fertig werden. Du kümmerst dich um die Kinder, ich erledige das andere. Oder andersherum.
- Wir setzen uns ins Auto, wenn alles bereit ist.

Keine Demos, kein passiver Widerstand, kein Übelnehmen, sondern: klare Ansagen, klare Grenzen, klare Forderungen. Und die Chance, dass diese Ehe die Silberhochzeit erreicht. »Klarheit schafft Harmonie.« So ist es.

Die meisten Frauen haben gelernt zu folgen, nicht zu

fordern. Das kann sich ändern. Sie können für sich herausfinden, was sie mögen, was sie nicht mögen. Und dann aus der Möglichkeitsform die Wirklichkeitsform machen: Ich darf eigene Wünsche, Ziele, Freunde haben. Autonomie leben heißt, Selbstständigkeit leben, souverän sein. Keine Angst, das heißt nicht, allein leben zu müssen. Das ist in einer Gemeinschaft gleichberechtigter Menschen möglich.

»Mach mal die Augen zu, dann siehst du, was dir gehört«, pflegte mein Vater zu sagen. Ja, Vater, ich schließe die Augen und sehe ein wunderbares Leben, sehe Erfüllung, gegenseitige Rücksichtnahme, Liebe, Partnerschaft, Verständnis, Spaß, Freundschaft, Vertrauen, Glück.

Es bedeutet, aus der Rolle des braven hilflosen Mädchens herauszutreten und die Rolle der selbstbewussten erwachsenen Frau anzunehmen. Die selbst bestimmt, wie sie leben will, wann sie Ja und wann sie Nein sagt. Die anderen liebevoll zugewandt ihr eigenes Leben lebt. Für die es kein »Ich muss«, sondern nur noch ein »Ich entscheide mich« gibt. Die nicht übel nimmt, keine Frustrations-Rabattmarken sammelt, nichts heimzahlen muss, nicht »nölt«, sondern klar ihre Meinung sagt. Die ein Leben führt, das sie liebt.

9.

Ich darf glücklich sein

Glückssucher sind wir alle irgendwie. Streben und sehnen. Spielen und wetten, hoffen und bangen. Kämpfen und fürchten um dieses Gefühl, diesen Zustand, dieses ewige Paradies, aus dem wir hoffentlich nie wieder vertrieben werden. Wenn es um das Glück geht, meinte der Dichter Voltaire, benehmen sich die Menschen wie Betrunkene, die nach ihrem Haus suchen: Sie können es nicht finden, aber sie wissen, dass es existiert. Als ich sechzehn oder siebzehn war, dachte ich, irgendwann werde ich in meinem Leben einen Zeitpunkt erreicht haben, ab dem ich nur noch glücklich sein werde, meine Erwartung war mit 28 oder 30. Ein schöner Wahn (das war übrigens ausgerechnet die stressigste Zeit meines Lebens).

Ich musste über 50 werden, um zu erkennen: Glück ist

kein Zustand, den wir erreichen können, wenn wir uns nur lange genug bemühen. Oder wie Bernd Ulrich Hohmann bildhaft beschreibt: »Glück ist kein Bahnhof, an dem man ankommt. Nächster Halt Glück. Alles aussteigen.« Glück kann eine Ameise sein und ein Elefant, eine Nanosekunde dauern oder einen unendlich langen Augenblick. Glück ist in mir. Es kann jede Sekunde aufblitzen. Aber oft verpassen wir diese wertvollen Momente, da wir ja nach dem »wahren Glück« streben.

Ich stand vor einigen Monaten auf einer Fahrt vom Bregenzer Wald nach München auf einem Parkplatz oberhalb von Dornbirn in Vorarlberg und sah auf das Rheintal hinab. Es war unbeschreiblich schön! Ich wähnte mich in einem fernen Land, fast wie in Afrika. Dieses Tal, weit und sanft, üppig grün im gleißenden Sonnenschein. Die herrlich großen Bäume, dahinter schneebedeckte Berge. Und rechts am Horizont der Bodensee, blaugrau schimmernd. Ich war wie betrunken von einem unbeschreiblichen Glücksgefühl.

Neben mir hielt plötzlich ein Auto. Vater, Mutter, zwei Söhne stiegen aus. »Ist das schön hier«, rief die Mutter aus. »Los, stellt euch mal dort hin, ich mache ein Foto«, sagte der Vater. Mit dem Rücken zu der schönen Aussicht mussten die drei sich aufstellen. »Maximilian, schau freundlich. Ein bisschen weiter nach rechts, Moritz, lass deinen Bruder in Ruhe. Ach, Monika, nimm doch deine Sonnenbrille ab. Jetzt, Achtung.« Danach ging es, marsch, marsch, wieder ins Auto und Abfahrt. Schade, wieder eine verpasste Minute des Glücks.

Glück ist flüchtig, es begegnet uns, aber lässt sich nicht packen. Mir ist bei der Vorarbeit zu diesem Kapitel ein Bild gekommen: Wir stehen als Goldgräber mitten im Fluss des großen Glücks. Der Fluss schwemmt unzählige winzige Goldnuggets mit sich, die uns unbemerkt durch die Finger rinnen, während wir blind vor Ehrgeiz nach dem Riesen-Goldklumpen graben. Während wir reich werden wollen am Glück, schwimmt es uns im Goldgräberfluss davon.

Dabei haben wir alle ein »Glückssieb« in uns, mit dem wir die kleinen, wertvollen Nuggets auffangen könnten. Unsere Sinne bilden dieses Netz, wenn wir sehen und hören, riechen und schmecken, berühren und berührt werden. Unser Gehirn ist der Trichter, durch den die wertvollen Goldstückchen in unser Inneres rinnen. Und unsere Seele leuchtet auf, wenn wieder ein winziges schimmerndes Nugget den Weg zu ihr gefunden hat. Deshalb heißt dieses Kapitel nicht: »Ich darf glücklich werden«, sondern »Ich darf glücklich sein.«

Erinnern Sie sich an das Glücksgefühl, als Sie noch ein Kind waren und auf der Schaukel hoch hinauf schwangen? Oder an den Geschmack von Waldhimbeeren, die wir auf Wanderungen fanden und mit unseren verschwitzten Händen (ohne Angst vor dem Fuchsbandwurm) in unsere verschmierten Münder schaufelten?

Glückssekunden des Lebens, winzige Goldnuggets, die unsere Seele zum Leuchten bringen. Glück ist der Moment, nicht der Zustand.

Ich sammle Glücknuggets und warte nicht auf den großen Goldklumpen.

Ich darf glücklich sein bedeutet, das Glück in uns zu genießen. Plötzlich zu erkennen, wie schön es sein kann, allein zu sein, nichts machen zu müssen, einfach zu sein. Vor uns hinzugucken, zu träumen oder gar nichts zu denken. Oder das Glück, mit Menschen zusammen zu sein, die wir lieben und schätzen. Das Glück des Augenblicks, wenn wir eine schwierige Aufgabe geschafft haben und müde, aber glücklich entspannen können. Das Glück der Natur, während eines Spaziergangs an einem Fluss; Licht, das durch Blätter fällt; der weiße Stamm einer Birke oder die Lichte eines Buchenhains; ein sanfter Mairegen; eine schimmernde Schneefläche, noch unberührt.

Wer Glück erleben will, braucht nur hinauszugehen, sein »Glücksradar« anzumachen und alle Sinne auf Empfang zu schalten. Manchmal kann Glück so unglaublich kitschig sein: Amseln, die zwitschern, und Lerchen, die trällern. Ein Feld voll praller Sonnenblumen oder rote Mohnblumen auf Schotterhalden. Hier liegt das Glück ausgestreckt vor uns. Und wir brauchen es nur zuzulassen.

Eine Rose kann mehr Glückshormone fließen lassen als der üppigste Strauß. Das Einfache ist oft viel, viel mehr.

Was wir niemals vergessen sollten: Nicht die anderen sind für unser Glück verantwortlich. Nicht unser Partner, nicht unsere Kinder, nicht unsere Vorgesetzten, nicht die Gesellschaft, nicht die Regierung. Internationale Untersuchungen zeigen sogar: Glück ist nicht abhängig vom Einkommen oder Lebensstandard. So sind die Einwohner der in unseren Augen »armen« Länder Kolumbien oder der Philippinen glücklicher als wir Deutsche[15]. Es gibt eben kein Abonnement auf Glück, nicht in einem Land, nicht in einer Ehe, nicht in einem Job. Wir sind unsere eigenen Glücksfeen. Auch wenn Untersuchungen zeigen, dass Menschen, die verheiratet sind, sich selbst als glücklicher bezeichnen als Singles oder Geschiedene[16].

Setzen Sie einmal das Glücksradar auf Ihr Leben an, klopfen Sie Ihren Lebenslauf auf Glücksmomente ab. Woran erinnern Sie sich? Wann waren Sie richtig glücklich? Nehmen Sie sich ein bisschen Zeit, und notieren Sie alles, was Ihnen einfällt. Als der kleine Andreas Sie als Siebenjährige fragte, ob Sie mit ihm »gehen« wollen? Als Sie zum ersten Mal an der Nordsee waren? Als Sie zu Hause ausgezogen sind? Als Au-pair in England? Als Sie Ihr erstes selbst verdientes Geld in der Tasche hatten? Beim ersten Rendezvous mit Ihrem Liebsten? Als Sie das erste Mal eine Bewegung des Kindes in Ihrem Bauch spürten? Als Sie bei herrlichstem Sommerwetter

mit einem kleinen Boot auf Ihrer griechischen Lieblings-
insel ankamen? Der erste Schluck Wein dort?

Schließen Sie Ihre Seele auf, und betrachten Sie den
Schatz mit den vielen kleinen Goldnuggets darin. Wenn
wir auf Schatzsuche gehen, merken wir sehr schnell,
Glück hat wenig mit Reichtum oder einem perfekten
Leben zu tun, sondern mit perfekten Momenten, die
manchmal nur Sekunden anhielten, sich aber tief in unser Gemüt eingenistet haben.

Nach der Bestandsaufnahme können Sie Ihr Glücksradar neu justieren, vielleicht war es ein wenig verstellt.
Sie können es wieder scharf stellen und auf das wirklich
Wichtige richten, damit Sie die Nuggets wieder erkennen. Seien Sie auf der Höhe des Augenblicks. Genießen Sie jetzt.

Ich freue mich an meiner Lebenswert-Liste.

Jede Frau kann ihre eigene Lebenswert-Liste machen mit
Sachen, die sie glücklich machen. Hier meine ganz persön-
liche Zusammenstellung als Anregung für Sie, Ihre Liste zu schreiben, ganz spontan, willkürlich, aus der Erinnerung:

• Barfuß über eine Wiese im Allgäu laufen

- Die Nase in duftende Kräuter stecken
- Merken, dass mein Fersensporn durch die Akupunktur besser wird
- Von jemandem gestreichelt werden
- Rapsfelder im Mai im Weserbergland
- Sehen, mit welcher Hingabe mein Sohn seine Lehre beginnt
- Ein Schaumbad
- Absolute Stille auf einem Berg
- Morgens aufwachen und liegen bleiben können
- Vogelgezwitscher
- Die Lust zu laufen
- Einen Baum berühren
- Auf dem Gendarmenmarkt in Berlin in der Sonne sitzen und nur schauen
- Meine Freundin Elke treffen
- Nach einem Regenschauer die Haare trocken rubbeln und dann eine heiße Schokolade trinken
- Aus dem Hotelfenster auf die wieder errichtete Dresdner Frauenkirche blicken (gerade heute Abend überglücklich erlebt)
- Mich auf meine Tochter hundertprozentig verlassen zu können, die in meine Firma eingetreten ist
- Ein Freund, der mich in den Arm nimmt
- Das Murmeln eines Bachs
- Stundenlang nach schöner Musik tanzen
- Wenn sich ein kleines Kind an mich schmiegt

- Eine Postkarte von einem Menschen, von dem ich lange nichts gehört habe
- Wenn das Gericht, das ich neu ausprobiert habe, köstlich schmeckt
- »Standing Ovations« – Glück pur.

Verschwenden Sie keine Zeit damit, Glück zu definieren. »Ich werde glücklich sein, wenn …« Nein, Glück kann man nur beschreiben: »Ich bin glücklich, weil …« Manchmal hat Glück mit Tun zu tun, manchmal aber auch mit Lassen. Der Dalai Lama definiert Glück sogar ganz reduziert: Glück ist die Abwesenheit von Schmerz oder Unlust.

Auf jeden Fall hat Glück mit Liebe zu tun: Liebe zu sich selbst, zu anderen Menschen oder Dingen. Glück kann sich in der tiefen Verbundenheit mit Menschen äußern, kann berauschend, begeisternd, intensiv sein. Oder ganz still, kleine Glücksfeuerwerke ganz tief in Ihnen drinnen. Ausgelöst durch einen Gedanken, ein Wohlgefühl, eine Erinnerung. Glück kann durch das Schnurren einer Katze hervorgerufen werden (wenn Sie Katzen mögen), die ersten Veilchen im Garten, dem anerkennenden Blick Ihres Chefs. Sie können es für Sekunden festhalten und die Wärme spüren.

Kleine Glücksfeuerwerke erzeugen Wärme im Bauch.

Wir sollten dem Glück keine Bedingungen stellen, das ist anmaßend: mein Haus, mein Mann, meine Superkids, meine Brillis … Verschwenden Sie keine Zeit, um künstlichen Glücksversprechen nachzurennen, denn die gibt es ohne Ende: den Lotto-Jackpot knacken, die 7-Tage-Blitz-Diät, das richtige Auto, schimmernde Haare, der Joghurt gegen Blähungen, die Rundum-Versicherung, die Berlin-Fernseh-Soap, das Anti-Aging-Gel für die Augenfältchen. Viele Glücksbegriffe machen die Seele nicht satt. Und: Auf Glück hat man keinen Anspruch. Glück schenkt sich uns.

Deshalb Vorsicht vor romantischen Glücksvorbereitungen nach dem Frauenzeitschrift-Muster: Kochen Sie ihm was Schönes, Kerzen, Blumen, Champagner, Musik. Und dann wird alles gaaaaanz toll! In der Hohlheit vermeintlicher Romantik und der darauf folgenden Enttäuschung kann man verdammt einsam sein. Glück ist keine Schachtel, die man einfach auspackt. Glück ist immer individualisiertes Glück.

Glück lässt sich nicht arrangieren, das müssen zum Beispiel Paare lernen, die eine Wochenendbeziehung führen. Beate, 29, lebt in Zürich, ihr Freund Paul in Frankfurt. Jedes Wochenende verbringen sie zusammen. Anfangs schufen sie aufwändige Inszenierungen: entweder gingen sie ins Theater, zum Essen oder Tanzen oder luden Freunde ein. Beate: »Wir hatten richtigen Glücks-Stress. Wir mussten am Wochenende alles nachholen und dabei uns gegenseitig glücklich machen. Irgendwann gingen wir uns gewaltig auf die Nerven. Wir einigten uns nach langen frustrierenden Diskussionen, ganz normale Tage miteinander zu verbringen. Heute machen wir manchmal drei Tage lang nichts als spazieren gehen, lesen, reden oder schweigen. Wie ein ganz normales Paar. Und wenn wir beide Lust haben, dann gehen wir aus, treffen andere. Wer die Wochenenden zu voll packt, vor allem mit Erwartungen, wird meistens enttäuscht.« Die Philosophie dazu bringt der Therapeut Bernd Ulrich Hohmann auf den Punkt: »Wenn Glück da ist, ist es gut, wenn es nicht da ist, ist es auch gut.«

Paare im Glücks-Stress: Packe deine Wochenenden nicht zu voll.

In dem Augenblick, in dem Sie aufhören, glücklich sein zu wollen, ist die Chance am größten, glücklich sein zu können. Wenn der Krampf sich löst, die Schleusen sich wieder öffnen, fließen die Nuggets von ganz allein. Rabindranath Tagore, der indische Philosoph, hat den Spruch geprägt: »Dumme rennen, Kluge warten, Weise gehen in den Garten.«

Manchmal stellt sich das Glück schon ein, wenn wir aufhören, ihm nachzurennen, wenn wir innehalten, zu uns kommen. Meditieren ist ein wunderbarer Weg dahin.

Wobei wir auch da aufpassen sollten, uns nicht zum Entspannungsglück zu zwingen. Ich habe mal einen Meditationsworkshop mitgemacht, und der Meister forderte uns auf, uns eine rote Rose vorzustellen. Er wusste nicht, wie ehrgeizig ich bin. Ich lag auf meiner Decke und probierte es, eine rote Rose, eine rote Rose. Nichts ging. Ich sah ums Verrücktwerden keine rote Rose. Glück und Ehrgeiz passen leider nicht zusammen.

Inzwischen habe ich eine einfache Meditation kennengelernt, die ich gerne weiterempfehle. Sie haben vielleicht schon von Chakren, also von Energiepunkten im Körper gehört. Diese sind Teil des Ayurveda, der indischen Gesundheitslehre. Bei dieser einfachen Übung lasse ich meinen Atem zu den Punkten fließen und denke an bestimmte Farben. Die Übung dauert zehn bis fünfzehn Minuten und ist ideal als Einstieg in den Tag. Sie macht wach und erfrischt. Sie kann aber auch am Abend als entspannender Ausklang genutzt werden. Ich mache mir dabei eine Kerze an, sorge dafür, dass ich nicht gestört werde, und lege mich auf eine Decke.

Und so geht die Chakra-Meditation: Ich atme ruhig und lenke meinen Atem durch meine Gedanken an die Energiepunkte. Jedem Punkt ist eine Funktion und eine Farbe zugeordnet. Ich denke an etwas in der zugeordneten Farbe, z.B. bei Grün an Bäume und Wiesen, bei Blau ans Meer. Wenn zwischendrin irgendwelche anderen Gedanken auftauchen, lasse ich sie kommen und gehen, konzentriere mich dann wieder auf meinen Atem und die Farbe.

1. Wurzelchakra, beim Schambein, steht für Lebenskraft. Die Farbe ist Rot.
2. Sakralchakra, im Unterbauch, steht für Lebensfreude. Die Farbe ist Orange.
3. Nabelchakra, beim Bauchnabel, steht für Bauchgefühl und Intuition. Die Farbe ist Gelb.
4. Herzchakra, auf dem Brustbein, steht für Liebe und Mitgefühl. Die Farbe ist Grün.
5. Halschakra, am Kehlkopf, steht für Wahrheit und die Stimme. Die Farbe ist Hellblau.
6. Stirnchakra, zwischen den Augenbrauen am »3. Auge«, steht für Entscheidungen. Die Farbe ist Dunkelblau.
7. Kronenchakra, auf dem Scheitel, steht für Spiritualität. Die Farbe ist Gold.

Ich bin keine Ayurveda- oder Meditationsexpertin, ich spüre einfach, dass es mir guttut, mir die Zeit für mich zu nehmen. Ich denke, Menschen haben immer schon Techniken entwickelt, wenn sie zur Ruhe kommen wollten, in allen Erdteilen, in allen Jahrhunderten. Warum sollen wir nicht von überliefertem Wissen profitieren? Das gibt es ja zum Glück.

Ich darf mich einfach hinsetzen, Augen und Hände öffnen, ohne operative Hektik oder geistige Aktivität, und darf mich vom Glück finden lassen. Geht denn das? Ja. Aber manche Frauen wollen sich nicht finden lassen.

Wie Patricia, 36. Sie hat ihre Lebensziele strikt gesteckt: eine Eigentumswohnung, finanzielle Unabhängigkeit, bis 50 genug Geld beisammen haben, um nicht mehr arbeiten zu müssen. Den Mund angespannt, die Augen misstrauisch verkniffen, allem Schönen abgeneigt. »Das bringt doch sowieso nichts« ist ihre Lieblingsredewendung. Sie geht nicht aus und lernt auch niemanden kennen. »Lohnt sich doch eh nicht.« Wenn sie schwächelt, liest sie ihre Kontoauszüge. Fragt man sie nach ihrer »Glücks-Geschichte«, kommt heraus, dass auch ihre Mutter eine unglückliche Frau war.

Manchmal verschließen wir uns dem Glück, verschieben es auf später: Wenn ich erst mal Partnerin in der Kanzlei bin. – Wenn die Kinder größer sind. – Wenn ich mal Rentnerin bin … Oder wir haben gar Angst davor, zu glücklich zu sein. Kennen Sie die Sprüche »Freu dich nicht zu früh!« oder »Die ersten Pflaumen sind madig« oder »Der Vogel, der am Morgen singt, den frisst abends die Katz!«? Damit hat man vielen Kindern eingeschärft, sich nicht auf das Glück zu verlassen, es nicht zu genießen und »das Glück nicht herauszufordern«. Denn »das dicke Ende folgt bestimmt«. Und so trauen sich manche Frauen gar nicht mehr, an das Glück zu glauben, denn »Glück und Glas, wie leicht bricht das«. Wir brauchen eine neue Erlaubnis zum Glück. »Ja, ich darf glücklich sein. Ja, ich darf glückliche Momente genießen, mich hingeben, mich verströmen. Ja, Glück ist ein Geschenk, das ich gerne annehme.«

Ich verschiebe mein Glück nicht auf später.

Neulich erlebte ich folgende Situation: Henriette, 48, stand in der Küche und bereitete das Essen vor. Da kam ihr dreijähriges Enkelkind in die Küche gehüpft: »Omichen, ich will auf deinen Arm. Kuscheln.« Henriette schob die Kleine beiseite und sagte sanft, aber streng: »Süße, jetzt nicht, Omichen muss kochen. Heute Nachmittag kuscheln wir.« Schade. Einen Glücksnugget verschenkt. Es hätte eine Minute gedauert, das Enkelkind auf den Arm zu nehmen, zu knuddeln, seine Wärme zu spüren, sein strahlendes Gesicht zu sehen, es zum Quietschen zu bringen. Aber das Kochen war wichtiger. Die Frage ist, ob die Kleine am Nachmittag noch Lust zum Kuscheln hat. Manchmal glücken Momente nicht.

Wenn wir uns dem Glück öffnen, wenn wir uns von ihm finden lassen, dann öffnen wir uns der Selbstliebe, der Liebe zu anderen. Wir verspüren Lebenskraft, Wärme, Freude, Unternehmungslust! Ich bin überzeugt davon: Wir können uns entscheiden, dass das Glück uns findet. Wir können unsere Sinne auf Glück einstellen.

Das Glück findet mich nur, wenn ich die Tür nicht versperre.

Der Psychologe Martin Seligman hat die Glücksformel folgendermaßen beschrieben:

G = V + L + W

Und das heißt: Glück ist gleich Vererbung plus Lebensumstände plus Wille.

Vererbung bedeutet, dass es geborenen Optimisten leichter fällt, an das Glück zu glauben, als geborenen Pessimisten. Die Vererbung spielt also durchaus eine Rolle. Ich würde mich ohne Zögern dem Club der Optimisten zuordnen, meine Großeltern mütterlicherseits waren lustige, heitere Menschen, meine ganze große Verwandtschaft liebt es, Spaß zu machen oder Sketche auf Familienfeiern vorzuführen. Wenn ich mit meinen zauberhaften Cousinen zusammen bin, sind wir nur am Kichern und Lachen.

Lebensumstände tragen natürlich auch dazu bei, wie es mir geht. Bin ich gesund? Habe ich Menschen, die ich liebe und die mich lieben? Habe ich Freunde? Bin ich in finanzieller Sicherheit? Habe ich eine Aufgabe? Sehe ich Sinn in meinem Tun? Die Schriftstellerin Ricarda Huch schrieb einmal: »Um wirklich glücklich zu sein, brauchst du einen Menschen, den du liebst, eine Aufgabe und eine große Hoffnung.«

Die dritte Komponente zum Glücklichsein ist der Wille. Ich kann mich entscheiden, mich mit Erfahrungen aus meiner Kindheit zu versöhnen. Ich kann mich entscheiden, Menschen, die Fehler gemacht haben, zu verzeihen (Vergangenheit). Ich kann mich entscheiden, Dinge heiter zu nehmen, gelassen zu reagieren, Glücksmomente zu erkennen und zu zelebrieren (Gegenwart). Und ich kann mir vornehmen, Glück zu erwarten, Glück zu erkennen und Glück zu genießen (Zukunft). Alle drei Komponenten zusammen bestimmen meine Glücksformel. Seligman beschreibt übrigens auch, dass Optimisten länger leben und dass Fröhlichkeit und Lachen gesund erhalten.

Trainieren Sie also Ihre Sinne auf Glück. Erwarten Sie das Glück – Sie erinnern sich, das kleine wie das große. Achten Sie dabei auf folgende Fragen:

1. Wie erlebe ich Glück?
2. Was nehme ich wahr?
3. Habe ich meinen Kompass auf Glück gestellt?
4. Was empfinde ich als gelungen?
5. Bin ich innerlich bereit für Glück?

Stellen Sie gedanklich den Korb für die Glücksnuggets bereit. Lassen Sie die darin befindlichen Erinnerungsstücke durch die Finger gleiten, und spüren Sie ihren zarten Schmelz. Erwarten Sie, dass der Korb sich weiter füllt, lassen Sie neue Goldstückchen hineinrieseln. Und lassen Sie Ihre Seele leuchten. Die Schauspielerin Anna Loos sagte vor kurzem in einer Zeitschrift: »Ein glücklicher Mensch kann zehn andere glücklich machen.« Leuchten Sie auch anderen.

10.

Ich darf meine Welt verändern

An jedem Tag, an dem ich an diesem Buch arbeitete, lernte ich etwas für mich selbst. Ich lernte, Dinge geschehen zu lassen, nicht zu verkrampfen, wenn einmal etwas nicht lief. Zu vertrauen, dass alles seinen Sinn hat. Ich habe Ihnen am Anfang Ehrlichkeit versprochen, und ich kann Ihnen versichern: Die Erste, bei der sich etwas durch dieses Buch verändert hat, bin ich selbst. Natürlich »wissen« wir alle viele kluge Dinge. Aber sie zu erfahren, zu spüren, umzusetzen, auszuprobieren ist noch einmal etwas ganz anderes.

Ja, ich habe mich in den letzten Monaten geändert, auch durch die Arbeit an diesem Buch. Ich war früher ein ziemlicher Kopfmensch, eine, die alles erklären konnte und die für alles eine Strategie hatte. Die sehr schnell denken und reden und alles auf den Punkt bringen kann.

Das ist der eine Teil meines Erfolgs. Ich entwickelte dazu die Fähigkeit, mich in andere Menschen hineinzuversetzen, ihre Gefühle, vor allem ihre Ängste zu spüren. Angst kannte ich selbst genug. Vielen konnte ich damit helfen. Das ist der andere Teil meines Erfolgs.

Ich war aber eine Frau, die trotz jahrelanger therapeutischer Arbeit Schwierigkeiten hatte, sich selbst zu spüren, die ihre tiefsten Gefühle mit einem dreifachen eisernen Band gesichert hatte. Vielleicht erinnern Sie sich an das Märchen »Der Froschkönig« (mein Lieblingsmärchen), das mit den Worten beginnt: »In den alten Zeiten, wo das Wünschen noch geholfen hat …« Da geht es um einen Frosch, der einer Prinzessin ihre goldene Kugel aus dem Brunnen holt. Und der sich, nachdem sie ihn gegen die Wand geworfen hat, als verwunschener Königssohn entpuppt. In der Schlussszene, als der erlöste Königssohn mit der Prinzessin in seiner Kutsche davonfährt, kracht es dreimal furchtbar. Dreimal ruft der junge König: »Heinrich, der Wagen bricht!«, und der treue Diener Heinrich antwortet jedes Mal: »Nein, Herr, es ist ein Band von meinem Herzen, das da lag in großen Schmerzen …« Ich weiß, was er meint, ich spürte die eisernen Bänder lange Zeit auch um mein Herz. In den letzten Jahren waren zwei der Bänder schon aufgesprungen. Das dritte löste sich bei der Arbeit an diesem Buch. Ich bin unendlich dankbar.

Die Recherchen und Interviews haben mich zu wunderbaren Menschen geführt, mir bereichernde Bücher in die Hand gegeben, tiefe Gespräche ermöglicht und mir die Türen für sehr viele Erfahrungen geöffnet. Ich spüre mich selbst seither intensiver. Ich beobachte, dass ich weicher geworden bin und in vielem nachdenklicher. Ja, neulich merkte ich sogar: Ich sage in Vorträgen manchmal etwas anderes als früher, weniger strikt, weniger fordernd, ehrlicher, offener, mitfühlender. Und bekomme wundervolle Resonanz darauf, von Frauen, aber auch von Männern.

Und mehr als je zuvor glaube ich an Fügung. Manche Kapitel gingen nicht voran, ich quälte mich, konnte nicht weiterschreiben – und plötzlich hatte ich eine Begegnung, ein Gespräch, eine Beobachtung, die wie der Schlüssel zu diesem Kapitel war. Mein suchendes Herz ließ mich immer wieder zögern. Und es fand für mich Antworten: Mir wurden Menschen und Einsichten »geschenkt«, manchmal völlig unerwartet, manchmal völlig logisch. Dann konnte ich mich hinsetzen und »einfach« weiterschreiben. Die Sache wurde plötzlich rund.

Mir werden Menschen und Erlebnisse »geschenkt«.

Eine faszinierende Erfahrung, die mir wieder einmal verdeutlicht hat: Was wir denken und sagen oder schreiben, sind immer Momentaufnahmen unseres Denkens und Fühlens. Ein halbes Jahr vorher geschrieben wäre dieses

Buch ein anderes geworden. Die Erkenntnis, die ich Ihnen gern vermitteln möchte: Seien Sie offen für Veränderungen. Nicht auf die ewige Wahrheit setzen, nicht auf eherne Gesetze, nicht auf unumstößliche Regeln, nicht auf eingefahrene Gleise. Weniges ist in Stein gemeißelt (die zehn Gebote sind die rühmliche Ausnahme).

Wir dürfen uns festgelegt haben, wir dürfen uns geirrt haben, wir dürfen es zugeben, wir dürfen uns dafür verzeihen, wir dürfen uns wieder festlegen, wir dürfen uns wieder irren, wir dürfen uns immer wieder verzeihen. Wir sind Menschen.

Vor etwa fünf Jahren »predigte« ich noch, dass ich meine natürlichen ergrauten Haare schön fände, zu meinem Alter stünde und lehnte Färben als eitlen Schnickschnack ab. Damals meinte ich das wirklich so, aus tiefster Überzeugung. Wer mich und mein gepflegtes Goldblond heute sieht, könnte mich Pharisäerin nennen. Nein, wirklich, damals war ich überzeugt von dem, was ich sagte. Heute habe ich eine andere Einstellung. Auch ich darf mich ändern. Ich hoffe, Sie verzeihen mir. Und lernen: Auch Frau Asgodom darf sich irren, ihre Meinung ändern, sie hat nicht immer Recht (au, das tut weh, aber es tut auch gut, es nimmt ein bisschen Last von den Schultern).

Die Erkenntnis daraus: Je verkrampfter wir an Dinge herangehen, umso schwieriger gestalten sie sich. Wenn wir Sachen geschehen lassen können, stellt sich Zufriedenheit ein. Wenn wir unser Leben annehmen, weicht

Starre, entsteht Leichtigkeit, erst dann können wir etwas verändern. Wenn wir aufhören zu hadern, kommen wir ins Handeln.

Als junge Frau wünschen wir uns, die Welt zu verändern, die Weisheit des Älterwerdens lehrt uns: »Fang doch erst einmal an, deine Welt zu verändern!« Nein, du als Frau bist nicht verantwortlich für den Weltfrieden, aber du bist verantwortlich für den Frieden in deinem Herzen und in deiner Umgebung. (Ich bin fest davon überzeugt, dass dieser Miniminimäuseschritt zum Weltfrieden beiträgt.)

Verschaffe dir den »Küchentisch-Überblick«.

Das bedeutet: Verändere Dinge in deinem Leben, die nicht in Ordnung sind. Ein wunderbar einfaches Mittel, um Informationen über eine Situation zu bekommen und zu erkennen, was gut ist und was geändert gehört, ist der »Küchentisch-Überblick«, wie ich eine von mir oft genutzte Methode nenne. Dabei arbeiten Sie mit »Stellvertreter-Figuren«, um einen Überblick zu bekommen. Was Sie dazu brauchen: Etwa dreißig Figuren – Playmobilmännchen, Kieselsteine, Knöpfe, Schachfiguren, Mensch-ärgere-dich-nicht-Männlein, Legosteine oder Bauklötze (ich habe mir dafür von einer Behinderten-

Werkstatt eigens einfache Holzfiguren herstellen lassen). Außerdem benötigen Sie viele bunte Post-It-Zettel, mehrere Blatt Papier und einen Stift.

Sie beschriften nun die erste Figur mit Ihrem eigenen Namen. Und stellen sie mitten auf einen Tisch. Nun stellen Sie alle Personen dazu, mit denen Sie zu tun haben, beruflich oder privat, Familienangehörige, Freunde, Vorgesetzte, Kollegen und Kunden. Alle bekommen einen Zettel mit ihrem Namen. Markieren Sie die, die Ihnen wohlgesonnen sind – Ihre Vertrauten und Unterstützer –, mit einem Pluszeichen (+) und die, mit denen Sie Probleme haben, die Ihnen nichts Gutes wollen, die Sie behindern oder ärgern, mit einem Fragezeichen (?).

Jetzt schauen Sie sich diese Situation einmal von oben an, aus der Meta-Ebene, wie man auch sagt. Und stellen Sie sich folgende Fragen: Was gefällt mir daran? Was nicht? Was soll sich ändern? Mit wem möchte ich öfter zusammen sein, mit wem seltener? Von wem bekomme ich etwas, wer raubt mir Energie? Mit wem will ich etwas klären? Wohin will ich mich bewegen? Schreiben Sie sich die Antworten und Gedanken dazu auf. Oft merken Sie dabei, dass Sie noch Personen vergessen haben, die eine wichtige Rolle spielen. Stellen Sie diese ebenfalls dazu.

Am Schluss stellen Sie alle Figuren so hin, wie es Ihnen am liebsten wäre. Wer soll Ihnen nah, wer soll Ihnen ferner sein? Mit wem möchten Sie mehr zu tun haben, und wem gegenüber brauchen Sie mehr Distanz? Wer könnte sich von einem Ablehner in einen Unterstützer wandeln? Zu wem wollen Sie das Verhältnis verbessern? Folgen Sie Ihrem Gefühl, lassen Sie Verstand und Seele sprechen. Und beschließen Sie dann, welche kleinen oder großen Schritte Sie unternehmen wollen, um die Situation positiv zu verändern.

Diese spielerische Erkundung kann man natürlich auch mit einem Partner/einer Partnerin zusammen machen. Wenn wir etwas aussprechen, kommen wir oft erst auf wichtige Zusammenhänge. Nach meiner Erfahrung bringt die Draufsicht auf Situationen einen grandiosen Erkenntnisgewinn. Wir können über Probleme, Konflikte und Wünsche offener und distanzierter sprechen, weil es ja »die dort« auf dem Tisch betrifft. Und auch Handlungsmöglichkeiten werden klarer: Wir riskieren ja noch nichts, wenn wir die Figuren hin und her schieben. Wir können verschiedene Alternativen ausprobieren. Und uns dann für erste Schritte entscheiden.

Kleine Schritte bringen Abwechslung in mein Leben.

Manche Frauen bekommen Angst, wenn sie das Wort »Veränderung« hören, sie fürchten, sie müssten alles hinwerfen, sich scheiden lassen, den Job kündigen. So dramatisch sind Veränderungen meist gar nicht. Es sind die

kleinen Schritte, die mehr Abwechslung und Spannung
ins Leben bringen:

- Mal wieder öfter tanzen gehen
- Einen Abend lang den Fernseher auslassen
- Einen Sonntag zum Pyjamatag erklären
- Einmal im Monat ins Kino gehen
- Ein Zimmer bunt streichen
- Ein Wochenende in einer fremden Stadt genießen
- Nicht zu Tante Ernas Geburtstag fahren
- Gemeinsam zu Abend essen
- Einen pinkfarbenen Blazer kaufen
- Ein Zimmer für sich einrichten
- Einmal in der Woche früher nach Hause gehen
- Eine wunderschöne Blume kaufen
- Mit Freunden kochen
- Die Haare abschneiden oder anders färben
- Einen Babysitter anheuern
- Mit einer Freundin Eislaufen gehen
- Feste Termine füreinander ausmachen.

Eine richtige Wut auf ihre Familie fühlt Barbara, 46.
Die Kinder belegen abends das Wohnzimmer, ihr Mann
sitzt im Arbeitszimmer vor dem Computer, »mir bleibt
eigentlich nur die Küche, wenn ich mal lesen oder in
Ruhe telefonieren will«, erzählt sie in einem Seminar.
Im Gespräch kommt heraus, dass es ein Gästezimmer

gibt, mit einer Couch, einem Schrank, Bügelbrett und Gerümpel.

»Machen Sie doch das Gästezimmer zu Ihrem Zimmer«, rate ich ihr. »Das geht nicht!«, kommt wie aus der Pistole geschossen. »Warum nicht?« – »Das kann ich doch nicht machen!« – »Warum nicht?« – »Das ist viel zu teuer.« – »Was ist daran teuer?« – »Renovieren und neue Möbel, dafür haben wir zur Zeit kein Geld.« – »Warum renovieren und neue Möbel? Es reicht doch, erst mal das Gerümpel rauszuräumen.« – »Nee, die Wände sind in so einem hässlichen Orange.« Merken Sie etwas? Barbara kann sich für ein eigenes Zimmer nicht die Erlaubnis geben. Ein Phänomen, das mir immer wieder auffällt: Leiden ist einfacher als handeln, übel nehmen leichter als verändern. Der wahre Grund kommt auf Nachfrage heraus: »Meinem Mann wird das nicht gefallen!« Aha. Warum? »Er wird denken, ich ziehe mich von ihm zurück, dass etwas in unserer Ehe nicht stimmt.« Ja, und das sieht verdammt so aus.

In dieser Familie stimmt etwas nicht, die Mutter nimmt Rücksicht auf alle, niemand nimmt Rücksicht auf die Mutter. Kommt mir irgendwie bekannt vor. Und wenn Barbara nicht aufpasst, dann geht sie verloren vor lauter Rücksichtnahme. Sie schweigt, leidet und wird unzufrieden. Natürlich beunruhigt das niemanden, aber wenn sie ein eigenes Zimmer möchte, ja dann ... Es ist ein Wahn zu glauben, dass die anderen schon sehen, was ich brauche. Tun sie nicht! Ich verändere meine Welt, niemand sollte mir das abnehmen.

Barbara hat sich übrigens entschlossen, das Zimmer für sich umzuräumen. Sie hat einen Plan gemacht:

- Einen Tag entrümpeln, einen Tag streichen, die Farbe kostet höchstens 50 Euro.
- Eine schöne Tagesdecke für die Couch, die 100 Euro sind drin.
- Das Radio aus der Küche hineinstellen, ein paar Pflanzen, fürs Erste muss das reichen.
- Einen bequemen Sessel wird sie sich zu ihrem nächsten Geburtstag wünschen.

Ihr Mann hatte übrigens überhaupt nichts dagegen, die Kinder werden ihr helfen. Manchmal schieben wir die anderen vor, wenn wir uns nicht trauen. »Würde ich ja gerne, geht ja leider nicht …« Prima, muss ich nichts tun.

Wenn ich möchte, dass sich etwas bewegt, muss ich mich bewegen.

Ich habe für mich das Handeln nach dem »Mobile-Prinzip« entwickelt. Sie alle kennen Mobiles, aufgehängte Teile, die in Balance sind. Wenn Sie möchten, dass sich das Mobile bewegt, reicht es nicht zu sagen: Beweg dich.

Aber wenn Sie an Ihrem eigenen Teil ziehen, sehen Sie sofort, was passiert: Das ganze System bewegt sich. Was das in der Praxis bedeutet: Du definierst dein Ziel, und du kannst bei dir anfangen, etwas zu verändern. Du tust etwas, und das hat Auswirkungen. Du möchtest etwas und sagst es. Du möchtest etwas nicht mehr und untersagst es.

Die Tarotkarte, die ich zu diesem Kapitel gezogen habe, ist die der »Sechs Schwerter«. Und worum geht es dabei natürlich? Um Aufbruch aus gewohnter Umgebung. Darum, Neuland zu betreten, etwas auszuprobieren. Es ist immer wieder faszinierend, an sich selbst zu beobachten, wie es uns geht, wenn wir etwas Neues ausprobieren, wenn die Angst sich meldet, der Magen kribbelt, die Schmetterlinge flattern. Und dann der erste Schritt: »Ich möchte nicht, dass Sie in diesem Ton mit mir reden!« Erstaunen auf beiden Seiten. Atem anhalten. Dann die Antwort: »Entschuldigung«. Grenzenloses Erstaunen: Es funktioniert! Entzücken: Es funktioniert! Ermutigung: Es funktioniert!

Ebenso wichtig, wie aktiv unser Handeln zu verändern, ist es, Dinge sich verändern zu lassen. Ein kleines Beispiel: Seit etwa zehn Jahren kenne ich eine Trainerkollegin, mit der mich aber wenig verband. Wir trafen uns hin und wieder auf einem Kongress, grüßten uns kühl, redeten aber nicht miteinander. Ehrlich gesagt, ich mochte sie nicht, hielt sie für zickig und ziemlich arrogant, außerdem fand ich sie zaundürr.

Eines Tages saß ich zufällig hinter ihr im Flugzeug von München nach Hamburg. Wir grüßten uns beim Aussteigen distanziert: »Ach, Sie haben auch ein Seminar in Hamburg? Blah, blah, guten Tag, viel Erfolg!«

Auf dem Rückflug zwei Tage später saß ich – wieder Zufall – direkt neben ihr (Zufall? Echt nicht!). Wir kamen ins Gespräch, lachten, ich merkte, die ist gar nicht so arrogant. Kurz zusammengefasst: Wir gingen anschließend zusammen essen, redeten bis spät nach Mitternacht. Verrieten uns gegenseitig, wie doof wir uns vorher fanden (sie fand mich viel zu dick). Entdeckten plötzlich jede Menge Gemeinsamkeiten. Merkten, hei, wir mögen uns. Seitdem sind wir befreundet, sehen uns zwar nicht allzu oft, weil wir beide ständig unterwegs sind. Planen sogar ein gemeinsames Buchprojekt. Welch ein Wandel. Und was für ein schönes Gefühl.

Wofür steht dieses Beispiel? Wir sind es, die Grenzzäune aufstellen, die den Daumen heben oder senken, wir stecken Menschen in Schubladen, lehnen sie ab und ziehen uns ängstlich oder arrogant (oder beides) zurück. Das heißt aber auch: Sie können etwas daran verändern, Sie können Grenzpfähle ausgraben und Zäune öffnen, Sie können Ihre Hand ausstrecken, Schubladen öffnen, anderen eine oder auch eine zweite Chance geben. Wenn Sie Ihr Herz für Menschen öffnen, besteht die Chance, dass es berührt wird. Sie können aus selbst erzeugter Isolation herauskommen, verwandte Seelen finden, Ihre Beziehungswelt verändern.

»Die brauchen wir nicht«, sagen wir oft trotzig über Menschen, die uns enttäuscht haben. Doch: Menschen brauchen Menschen. Menschen brauchen Zuneigung, Freundschaft, Frieden, Anerkennung, gute Gefühle. Deshalb finde ich, ist es immer einen Versuch wert, Beziehungen zu retten. Vielleicht sind Sie die Stärkere in diesem Spiel, vielleicht können Sie die Hand ausstrecken zur Versöhnung. Vielleicht sind Sie im Recht, vielleicht war der andere schuld? Nun, deshalb können Sie großzügig sein, verzeihen, einen neuen Anfang wagen.

Manchmal müssen wir uns von einer Beziehung verabschieden. Es ist schade, aber manche Freundschaften sind vorbei, manche Liebe erkaltet, manche Zerwürfnisse lassen sich nicht mehr kitten. Auch wenn wir traurig darüber sind, es heißt sich zu verabschieden.

Wir können uns entscheiden: Was soll sich zum Guten wenden in unserem Leben? Die Entscheidungen gefallen anderen manchmal nicht: Die Freundin fürchtet, dass wir uns verändern; der Partner fürchtet, dass wir uns von ihm entfernen; die Eltern fürchten, uns zu verlieren. Doch: Liebe gibt es immer nur freiwillig. Alles andere ist Sklaverei.

Was soll sich in meinem Leben zum Guten wenden?

Sie dürfen klare Entscheidungen treffen: Wenn Sie merken, jemand in Ihrem Bekanntenkreis, in Ihrer Familie tut Ihnen nicht gut, dann dürfen Sie die Beziehung abbrechen. Es gibt Menschen, die uns mit ihrer ewigen Jammerei runterziehen; es gibt Menschen, die sind neidisch auf uns und lassen es uns spüren; es gibt Menschen, die uns abschätzig behandeln; es gibt Menschen, die möchten uns verletzen; es gibt Menschen, die lassen ihre schlechte Laune an uns aus; es gibt Menschen, die sind nicht loyal. Niemand kann uns zwingen, mit solchen Menschen unsere wertvolle freie Zeit zu verbringen.

Manchmal brechen wir freudig zu etwas Neuem auf, manchmal mit schwerem Herzen. Manchmal können wir andere mitnehmen, manchmal müssen wir jemanden zurücklassen. Niemand sagt, dass Entscheidungen leichtfallen, dass Leben immer einfach ist. Doch wir tragen die Verantwortung für unser Leben, niemand sonst. Aus der Opferrolle herauszutreten heißt nicht, zur Täterin zu werden, sondern zur Handelnden. Es geht nicht darum, willkürlich auf Kosten anderer die eigene Selbstverwirklichung durchzuziehen. Aber es heißt eben auch nicht mehr, Kopf einziehen, schön bescheiden sein, sich immer hinten anstellen. Die Konsequenz: Wenn wir uns das Recht nehmen, unser Leben zu verändern, müssen wir natürlich akzeptieren, dass dies die Menschen um uns herum auch tun. Die Folge: ein sehr erwachsener Umgang miteinander – und ein sehr gelassener. Wie heißt eine alte Zen-Weisheit? Wenn ihr gehen müsst, geht. Wenn ihr sitzen müsst, sitzt. Seid einfach euer gewöhnliches Selbst im gewöhnlichen Leben.

Wenn jemand unglücklich ist über die Situation im Beruf, sich dort nicht wohlfühlt, ist es wichtig, sich Alternativen anzuschauen. Im Coaching arbeite ich gern mit dem Alternativ-Rad. Das geht ganz einfach. Sie malen einen Kreis mit zehn »Speichen« auf ein Blatt Papier und überlegen sich für jede eine Alternative. A1 ist immer: Alles bleibt, wie es ist. A2 bis A10 dienen Ihnen nun dazu, sich Alternativen zu überlegen. Es können naheliegende Ideen sein: mit meinem Chef reden, was anders werden soll. Im Unternehmen eine andere Position finden. Einen Job in einem anderen Unternehmen finden. Eine ganz andere Arbeit machen. Oder gewagter: sich selbstständig machen. Eine Zeit lang im Ausland arbeiten. Reich heiraten. Nach Mallorca auswandern. Hausfrau werden. Am Schluss vergeben Sie für jede Alternative an Ihrem Rad Punkte zwischen 0 und 10. Null bedeutet, gefällt mir überhaupt nicht, zehn ist die Superlösung. Dann schauen Sie: Was ist der Tagessieger, was hat die meisten Punkte bekommen? Das Ergebnis kann manchmal ganz schön überraschen.

Wie bei Franziska, 39. Sie ist IT-Spezialistin, selbstständig, erfolgreich, verheiratet. Sie will sich coachen lassen, weil sie an ihrer Karriere weiterstricken möchte. Ich finde, sie sieht unglücklich aus, hat furchtbar traurige Augen. Sie erzählt von ihrer Arbeit, wie erfolgreich sie ist, dass sie die meiste Zeit unterwegs ist, wie sehr die Kunden sie schätzen. Sie möchte Ideen, wie ihr weiterer beruflicher Weg aussehen könnte. Wir zeichnen ein Alternativ-Rad. AI – alles bleibt, wie es ist. Dann notieren wir verschiedene Möglichkeiten: sich als IT-Leiterin fest anstellen lassen, ins Ausland gehen, Mitarbeiter einstellen, neue Kunden akquirieren … Da ich weiß, dass sie verheiratet ist, schreibe ich als zehnte Alternative spontan »Meine Liebe retten«.

In der Sekunde, als sie das liest, bricht Franziska in Tränen aus. Sie erzählt, wie geduldig ihr Mann ihre berufliche Ambition unterstützt, dass er die »Home Base« in Hamburg bildet, zu der sie stets zurückkehren kann. Aber sie erzählt auch, wie sie sich immer mehr voneinander entfernen. Und schluchzend erzählt sie von ihrer Angst, dass ihr Mann irgendwann nicht mehr mitmachen, dass er sich von ihr trennen wird.

Als sie sich wieder beruhigt hat, sehen wir uns die zehn Alternativen noch einmal an. Sie darf Punkte vergeben. Und welche Speiche bekommt die 10? Erraten: »Meine Liebe retten.« Das ist die Frage, die sie quält, die diese tiefe Traurigkeit in ihren Augen hervorgerufen hat. Sie beschließt, den Karriere-Kurs zu ändern, aber ganz anders, als zu Beginn gedacht. Sie möchte weiter erfolgreich arbeiten, denn sie verdient gutes Geld, und es macht ihr Spaß, aber sie wird den Fokus auf mehr Gemeinsamkeit legen: weniger fortfahren müssen, mehr von zu Hause aus arbeiten, die Wochenenden freihalten, mehr Zeit mit ihrem Mann zu verbringen. Denn sie liebt ihn und möchte ihn nicht verlieren. Sie ist überrascht von ihrer eigenen Entscheidung, aber auch recht zuversichtlich. Franziska lächelt, als sie sich verabschiedet.

Wie immer Sie sich in Ihrem Leben entscheiden, was immer Sie verändern wollen: Bangemachen gilt nicht. Lassen Sie sich von niemandem vorschreiben, was richtig oder falsch ist. Folgen Sie Ihrer Intuition. Lassen Sie sich von niemandem einreden, »in diesen Zeiten« hätte man keine Chance, »in Ihrem Alter« fänden Sie nichts anderes mehr. Das sind Fesseln der Unfreiheit, die andere davon abhalten, etwas an ihrer Lebenssituation zu verändern, Menschen, die Sie gern im Boot der Unglücklichen halten wollen.

Ich steige aus dem Boot der Unglücklichen aus.

Ich sitze an meinem großen Arbeitstisch und schreibe. Es ist Sonntagnachmittag, totale Stille. Draußen ist ein kalter, klarer Novembertag. Der Wind treibt dicke weiße Wolken über den stahlblauen Herbsthimmel, die minutenweise die Sonne verdecken. Wenn die Sonnenstrahlen durchkommen, treffen sie auf die Prismen meiner Deckenlampe, und es ergießt sich ein Schauer von

Hunderten kleiner Regenbogen über die Wände meines Schreibzimmers. Ich sitze mit offenem Mund vor diesem entzückenden Schauspiel, das sich nur ergibt, wenn die Sonne tief genug steht.

Und mir fällt folgender Vergleich ein: Ausstrahlung kommt von Strahlen, Lebensfreude kommt von Freude, Zufriedenheit kommt von innerem Frieden. Wenn das Licht solche Regenbogen-Muster hinterlassen soll, muss ein Kristall vorhanden sein. Wenn etwas leuchten soll, muss ich es ins Licht rücken.

Wenn wir im Schatten frieren, können wir entweder mit den Zähnen klappern und uns selbst bemitleiden. Oder wir suchen uns einen neuen hellen, warmen Platz. Wir können das Licht suchen und uns dorthin bewegen, wo es uns erleuchtet und erwärmt.

Wir dürfen uns ganz subjektiv auf unsere Seite stellen, dürfen egoistisch sein. Wir dürfen an uns selbst denken. Wir dürfen die Fülle des Lebens auskosten. Wir dürfen Spaß haben und Abenteuer erleben. Wir dürfen auf dem Seil balancieren und große Sprünge machen. Wir dürfen laut sein und lustig, wir dürfen spinnen und träumen, aktiv sein oder abwarten. Wir dürfen dick sein oder dünn. Wir dürfen Sport machen oder nicht. Wir dürfen Angst haben und trotzdem mutig handeln. Wir dürfen auf Partys gehen oder meditieren. Wir dürfen außen und innen weich sein. Wir dürfen hohe Ansprüche stellen oder mit dem Leben im Fluss sein. Wir dürfen traurig oder wütend sein. Wir dürfen unseren Erfolg selbst bestimmen. Und müssen nicht perfekt sein. Wir dürfen unser Schicksal lieben und es ändern. Wir dürfen schwach sein oder stark.

Wir dürfen 50 Jahre lang glücklich mit dem gleichen Mann verheiratet sein, einen neuen Anfang wagen oder einen jüngeren Liebhaber genießen. Wir dürfen die schönste Zeit mit einer guten Freundin verbringen oder im Paar-Tanzkurs. Wir dürfen einziehen oder ausziehen. Wir dürfen bügeln oder bügeln lassen. Wir dürfen Champagner schlürfen oder Eisenkrauttee, Sushi lieben oder Currywurst. Wir dürfen autonom sein und um Hilfe bitten. Wir dürfen Fehler machen, uns trotzdem mögen und uns verzeihen. Wir dürfen etwas tun und etwas lassen. Wir dürfen unser eigenes Zimmer haben. Wir dürfen eine liebevolle Tochter sein (aber keine brave). Wir dürfen sagen, was uns stört und was wir uns wünschen.

Ich darf Champagner lieben oder Eisenkrauttee, Sushi oder Currywurst.

Wir dürfen das Abenteuer lieben oder unsere Ruhe haben. Wir dürfen Designerklamotten tragen oder Selbstgestricktes. Und verrückte Hüte aufsetzen. Völlig egal! Geht niemanden was an. Wir sind erwachsene Frauen, die tun, was sie wollen. Es gibt keine höhere Instanz als uns selbst. Wir dürfen ein erfülltes Leben haben, kein Mangel-Leben. Wir dürfen Goldnuggets des Glücks sammeln und müssen nicht auf morgen warten. Wir dürfen unsere Sinnlichkeit genießen und täglich die »Vier L« beherzigen:

- Leben
- Lieben
- Lachen
- Lernen.

Dafür haben wir das Leben geschenkt bekommen. Wir haben es uns nicht erarbeitet, nicht verdient. Es ist nicht Bestrafung und nicht Leid. Nein, es ist ein Geschenk an uns. Und ein Geschenk packt man aus, betrachtet es, freut sich darüber, benutzt es. Bedankt sich dafür. Leben ist ein herrliches Geschenk.

Leben Sie es wild und unersättlich!

Dank

Ich bedanke mich beim Kösel-Verlag für die Möglichkeit, dieses Buch machen zu können. Vor allem bei meiner Lektorin Dagmar Olzog, die mir zutraute, ein »anderes« Buch zu schreiben als alle meine bisherigen. Sie hat mich wirklich gefordert. Es war eine tiefe, beglückende, ja spirituelle Erfahrung.

Bernd Ulrich Hohmann, meinem ältesten guten Freund, danke ich nicht nur für die vielen Gespräche, in denen er mir sehr viel über Psychologie beigebracht hat, seine Erfahrung und Ehrlichkeit, sondern auch für den Klärungsprozess, mit dem ich wieder ein Stück weiter zu mir selbst gefunden habe, heil geworden bin.

Ich bedanke mich bei Dr. Gisela Haasen, die mir als Coach das Fühlen wieder geschenkt hat. Ohne ihre liebevolle Anteilnahme und Wertschätzung wäre dieses Buch überhaupt nicht möglich gewesen.

Ich danke meiner liebsten Freundin Elke Opolka, an deren Esstisch in Frankfurt während einer langen Nacht das Grundkonzept für dieses Buch entstanden ist, für ihre klugen Beiträge und dass sie sich wieder einmal als Erstleserin bewährt hat (auch wenn ihr Lieblingsmärchen »Rotkäppchen« ist).

Mein Dank gilt auch meinem Kollegen und Freund Günther Sator, dem ich nicht nur die Formulierung verdanke »Ich liebe und akzeptiere mich, obwohl …«, sondern jede Menge Energie.

Dank für wunderbare Gespräche und/oder kritisches, ermutigendes Feedback geht außerdem an: Monika Jonza, Bilen Asgodom, Jon Christoph Berndt, Elke Brunner, Ursu Mahler, Manfred Greisinger, Petra Bock, Andrea Lienhardt, Joachim Skambraks.

Ich bin dankbar für die Musik von Till Brönner und Xavier Naidoo, die mich in vielen nächtlichen Stunden am PC begleitet hat.

Und aus tiefstem Herzen, nicht nur weil sie mich geboren hat, danke ich meiner Mutter Jo Kynast-Klein, der ich dieses Buch widme.

Anhang

Anmerkungen

[1]A. Lowen: *Freude. Die Hingabe an den Körper und das Leben,* 1993

[2]Napoleon Hill

[3]Park Avenue, Oktober 2006

[4]V. Nabokov in seiner Autobiographie *Erinnerung, sprich, 1999*

[5]I. Yalom: *Die Reise mit Paula,* 2000

[6]J. Onken: *Feuerzeichenfrau,* 2003

[7]A. Lowen: *Freude,* 1993

[8]G. Sator: *Business Energy,* 2006

[9]E. Mardorf: *Das kann doch kein Zufall sein,* 2002

[10]A. Lowen: *Freude,* 1993

[11]H. Banzhaf: *Das Arbeitsbuch zum Tarot,* 2003

[12]T. Held: *Heute weiß ich, was ich will,* 2006

[13]*Gruppendynamik und Organisationsberatung* 2/2006

[14]A. Tan: *Töchter des Himmels,* 2005

[15]S. Klein: *Die Glücksformel,* 2002

[16]M. Seligman: *Der Glücks-Faktor,* 2005

Literatur

Asgodom, Sabine: *Die zwölf Schlüssel zur Gelassenheit. So stoppen Sie den Stress,* Goldmann 2008

Asgodom, Sabine: *Greif nach den Sternen. 24 Erfolgsgeheimnisse für Glück, Geld und Gesundheit,* Goldmann 2010

Banzhaf, Hajo: *Das Arbeitsbuch zum Tarot,* Kailash 2003

Brockert, Siegfried: *Der einfache Weg ins Glück – Du sollst dich lieben,* Goldmann 2004

Ferguson, Will/Ruß, Marlies: *Glück,* List Verlag 2003

Held, Tilman: *Heute weiß ich, was ich will. Frauen über 50 erzählen,* Piper 2006

Klein, Richard: *Schöne fette Welt. Ein Lob der Fülle,* Goldmann 2001

Klein, Stefan: *Die Glücksformel. Oder wie die guten Gefühle entstehen,* Rowohlt 2002

Lowen, Alexander: *Freude. Die Hingabe an den Körper und das Leben,* Kösel-Verlag 1993

Mardorf, Elisabeth: *Das kann doch kein Zufall sein! Verblüffende Ereignisse und geheimnisvolle Fügungen in unserem Leben,* Kösel-Verlag, 7. Aufl. 2002

Miller, Alice: *Du sollst nicht merken,* Suhrkamp, 17. Aufl. 2005

Nabokov, Vladimir: *Erinnerung, sprich. Wiedersehen mit einer Autobiographie,* Rowohlt 1999

Onken, Julia: *Feuerzeichenfrau,* Beck, 5. Aufl. 2003

Pollmer, Udo: *Esst endlich normal!* Piper Verlag, 4. Aufl. 2005

Sator, Günther: *Business Energy. Mehr Erfolg, Zeit und Geld durch geschicktes Energie-Management,* Orell Füssli 2006

Seligman, Martin E.P.: *Der Glücks-Faktor. Warum Optimisten länger leben,* Bastei-Lübbe, 2. Aufl. 2005

Tan, Amy: *Töchter des Himmels,* Goldmann 2005

Yalom, Irvin: *Die Liebe und ihre Henker,* btb Verlag 2001

Yalom, Irvin: *Die Reise mit Paula,* btb Verlag 2000

Yalom, Irvin: *Die rote Couch,* btb Verlag 1998

Register

Öffne dein Herz der Liebe –
eine Anleitung zum Glücklichsein

Die Botschaft von Sabine Asgodom lautet: Liebe sieben Tage die Woche, 24 Stunden lang. In ihrer ganz persönlichen Anleitung zum Glücklichsein ermutigt sie dazu, sich auf die Liebe einzulassen, verschwenderisch mit ihr umzugehen und so das eigene Glück zu leben.

240 Seiten
ISBN 978-3-442-17324-2

www.goldmann-verlag.de
www.facebook.com/goldmannverlag